THE INNER TAROT
內在療癒塔羅

內在療癒塔羅

從學習解牌到療癒創傷找回屬於你的靈魂力量

凱特・范・霍恩
KATE VAN HORN

鍾莉方 譯

THE INNER TAROT

如果我曾經為你占卜過，
這本書就是要獻給你的。

目錄 Contents

前言 *preface*

當我告訴別人我是專業的塔羅牌老師及靈媒時，對方總是會先露出驚訝的表情，接著馬上轉變成滿滿的好奇心，我常被各式各樣的問題淹沒（不過，我從不厭倦回答），像是：「你從小就知道你有這個天賦嗎？」「當靈媒不會壓力很大嗎？」「所以，你……看得見鬼魂或其他有的沒的嗎？」針對這些問題，我的答案都是：不。我懂大家的好奇心及刻板印象——我也看過《神仙家庭》和《天才魔女》——不過我進入這領域的過程及我的靈性覺醒可能跟你想像的不太一樣。

我相信我的故事、我的經歷、我的創傷，這種體驗，不知不覺中引領我走向靈性的覺醒及重新連結。我從未有什麼突然的領悟或靈光乍現。在眾多的自我療癒工具中，塔羅牌只是其中一項工具，幫助我一點一點拼湊出我曾以為「破碎」的自我，而如今這個自己卻成為我引以為傲、樂於展現的部分。我跟塔羅牌結下的緣分大約從十年前開始，我打算在這本書中陸續跟大家分享我與塔羅的關係。在我開始為他人解讀塔羅牌前，我先自己研究及練習塔羅牌。每當我深入每張牌的主題時，我會連結到自己的生命歷程，並且融入它們的啟示中，讓我逐漸拾回自己的碎片，變得更加完整。基本上，我幾乎跟牌卡一拍即合，最終踏入這領域不只是為了幫助他人更理解塔羅牌及其傳統的象徵，也是為了讓他們信任這項工具，藉此連結自己的直覺，重視自身的內在療癒，透過敘述自己的故事，與他人或自己重新聯繫起來。

我擅長解牌，也對自己熟練的技能引以為傲。這確實能歸功於與生俱來的天賦，但我也非常清楚，長期的投入還有專注練習同樣重要。自從我買了第一副牌卡，每一天我都持續與它建立連結，並努力在每一次的解說中保持誠實正直。

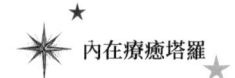

我清楚記得在某次心理治療中，我對我的諮商師說了一些坦率又令自己驚訝且難過的話。我告訴她，我唯一能做好的事情只有自我破壞，以及對自己的力量感到恐懼。我認為自己沒有任何天賦或才華。後來，我在自己的靈性寫作及個人日記上寫下這份領悟：

我脆弱的身軀，
還有明顯動搖的信念，
我記得清清楚楚，那天坐在諮商師辦公室的沙發上。
「為什麼要堅持做出這些傷害自己的行為？」
「因為用這樣的方式存在，做出這些行為，
是我唯一擅長的事情。」
我每天都感謝上帝，我過去的想法是錯誤的。

今天，處在人生中截然不同的階段，我滿懷感激，不僅僅是感謝有機會將這份工作視為我靈魂的志業，還有由衷的滿足，以及一股走過風雨的深刻釋然。過去的艱苦引領我至此，身為一位靈性導師，我透過各種課程及培訓，教導了成千上萬塔羅牌愛好者。我以一對一的方式為我的客戶們進行解讀服務，以踏實且貼近人心的方式分享我的靈性指引。在多個社群平台上累積了龐大的追蹤者，持續分享牌卡的象徵，以及這個備受推崇且深具智慧的古老系統中的細節。我辦了無數場的靈性靜修營，讓這些靈魂能夠進入療癒的軌道，多年來創作大量靈性相關的內容和寫作——多到幾乎數不清。我也花了許多時間和努力投入在自己身上，繼續療癒自己。

雖說有了這些成果，我還是想特別強調：我與這個社群之間的連結，以及我們之間的共同體驗絕不是什麼街頭巷尾的小魔法，更不是什麼煽情、廉價的靈性包裝。我的牌卡教學不會設立聳動的標題，也不會戲劇性地誇飾任何人的未來或命運。反之，我們是一個共同成長的團體，我們一起擁抱真正的內在工作，而這真的是一件很美好的事情。針對一些其他人可能難以啟齒的主題，我們無所不談，共同打造一個不帶批判性、不必感到羞愧、也沒有任何不安全感的傾訴空間。這是我們內在小孩一直以來都渴望的空間。

我向群體的每一位成員承諾，我會持續保持初衷：以靈性、安全的方式分享心靈實踐的方法，並鼓勵所有人無須帶有罪惡感，勇敢成長與蛻變。成為一位靈性領導者帶給我更多的責任，我承諾自己也要活出真誠，正如同我所期望每一位勇敢來到這個空間、參與解牌和教學的客戶一樣。如果你此刻正拿起這本書，那麼請相信——你也屬於這個社群，是我們的一份子。

透過這本指南，你將會學習到塔羅牌分成兩大部分：大阿爾克那（Major Arcana）以及小阿爾克那（Minor Arcana）。**阿爾克那**（*Arcana*）這個字源自於拉丁文 *Arcanus*，意思是「祕密」。塔羅牌真是迷人，它如同字面上充滿著各種祕密——更準確而言，總共有七十八個祕密。有些是微小變化，圍繞著我們的日常生活（小阿爾克那），有些則是較重大的轉折，甚至難以啟齒的深層經驗（大阿爾克那）。這些主題都與我們息息相關，唯有去發掘它們，我們才能夠更清楚、全面地理解自我的各個面向，並進一步認識偉大的生命目的。

我認為，塔羅牌的祕密特質正是第一眼令我們著迷的原因。當我分享我的職業時，我會看到那些困惑的眼神和表情，而這些牌卡彷彿是一疊我們渴望破譯的未知訊息，這些訊息甚至帶點誘人、神祕和禁忌的色彩。有些人可能會認為塔羅占卜師就是一位瘋狂的阿姨，櫃子上擺放著不同牌卡，房間還瀰漫著香氣。但隨著大家變得更加成熟，拿下帶有批判性的濾鏡後，我們會意識到，這位阿姨在如何表達直覺這件事上，其實早就領悟了一些什麼——她一點也不瘋癲！

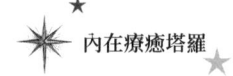

正是塔羅牌的神祕感將我們吸引過來。它們輕聲細語地發出邀請，邀請我們走近它的智慧。牌卡的迷人之處在於，當我們在尋找答案時，牌卡與我們所習慣依賴的典型搜尋引擎大不相同，因為牌卡其實是一面鏡子，反映出我們各種面向和缺陷，讓我們有機會發現，原來所有的答案一直都藏在我們內心深處。

塔羅牌所帶來的神祕感、隱密性和令人難以捉摸的黑暗氣息讓我感到不可思議，前所未有的「被理解」。我認為是因為我一開始接觸牌卡時，正處於「祕密」與「陰影」深度共鳴的階段，並正努力發掘自己尚未自我覺察的內在部分。我喜歡塔羅牌直指我的掙扎，而不是規避或繞過我所面臨的真實樣貌。

在成長過程中，我守著許多祕密，隱瞞家裡所發生的事情、身體所發生的事情，壓抑深深的羞愧感。在我二十多歲時，我被診斷出創傷後壓力症候群（PTSD），令我崩潰，卻也帶有一絲的解脫。這個診斷是在我經歷了一連串的艱辛歲月後才出現的，而那段時間裡，我的情緒起伏劇烈，對自己的信念幾乎被消磨殆盡。就這樣，我守著祕密將近十五年，直到我願意開口分享才被揭露出來。

當我說出真相後，過往的記憶、情緒和能量像洪水般湧現，我的感受及能量的閘門重新被打開，或許那時我的「第三隻眼」也被啟動，只是當時我還沒有意識到。我已經在「求生模式」中撐了太久，診斷出PTSD的標籤並沒有讓我感到受限，反而有一種不可思議的認同感，它給我再一次重新定義自己的機會。現在，我可以用自己的方式面對這些經歷；當我能以恰當的言語來說明自己的狀況，這就成為我人生轉變的關鍵，讓我改寫人生方向，能夠發掘和表達自己的直覺，不再退縮，不再隱藏自己。

在繼續之前，我想先提醒讀者：我將要分享一段童年性侵的經歷。這是我生命中的第一個祕密，而我現在才明白，正是這個經歷帶領我踏上內在之光和神聖目的的起點。讓我難過的是，有不少讀者會與我的故事產生共鳴，可能是胃部感到沉重，或者一種熟悉且憤怒的不安湧上心頭，想到：天啊！這也曾經發生在她身上。

我與身體斷開連結的那一天，就是我小時候第一次被性侵的那一刻。當下的我立刻凍結起來，封閉自己——成了另一個版本的我， 我只是一個孩子，卻經歷了巨大的創傷。當時，這樣的經歷讓我相信自己的痛苦並不重要，而這些受傷的部分不該被說出來。從那一刻起，我無意識地踏上一段漫長旅程，重建「安全」的感受與對自己的信任——關於我的身體、我的生活、我自己。

即便虐待的日子已不存在，這件事仍然在我的靈魂上留下了暗黑的印記。隨著時間推移，我對自己的感覺時而清晰、時而模糊，甚至困惑。我不知道自己要成為什麼樣的人，或我真正渴望什麼。大部分時間，我只是努力逃避或否認恐懼的感受，而不是茁壯成長或探索我未來各種的可能性。這種失去連結的情況也表現在許多層面上，從憂鬱、飲食失調到過度反應以及強烈的憤怒。現在的我對創傷倖存者和自己的反應有了更多的了解，也讓我更能同理自己。我所創造出來的混亂其實是一種常見的防禦機制。

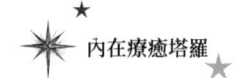

我的青少年以及成年時期都處於緊張和憤怒的狀態，應該說——我很易怒、很惡毒。我沒有意識到自己的內在小孩正在拳打腳踢加尖叫，好吸引我的注意力。每當外在情況讓她感到威脅，她就會鬧得天翻地覆。她希望我能夠分享這個祕密，好讓她能夠繼續前進。

我對於童年的記憶常常是空白的，隨著年齡增長，我的恐慌症會在各種奇怪的狀況下出現，像是教室或者電影院裡面，我感覺自己完全失控。對自己「感受到恐懼」的恐懼，又衍生出更多恐懼，所以到了青春期，我感覺自己被困住了。我不知道我能做什麼，是否有足夠的力量去做什麼，我想成為什麼樣的人。我總是精神緊繃，處於高度警戒，無法相信任何人，我對他人的不信任，透過各種混亂的人際反應表現出來，包括「惡女」的傾向，也不尊重自己的身體。為了讓自己不再有機會成為「受害者」，我寧願選擇先不尊重自己。這種自我毀滅的行為五花八門，包括飲食失調和尋求男性的認可。這些行為阻礙了我的人際關係、我的信心，讓我失去方向。現在我才明白，小時候的大祕密就像是推倒的骨牌，引導殘破不堪的我走上了跌跌撞撞，卻也真正自我覺察的道路。作為一個成年人，我現在知道，自己有責任立起每一張倒下的骨牌，如同一名堅強有韌性的士兵一樣，勇敢地佔好自己的位置，並用我一直以來就值得擁有的方式，讓自己的故事被聽見、被看見。

在被診斷出患有創傷後壓力症候群（PTSD）時，療癒成為我人生的重心，我別無選擇！我的焦慮不斷地耗損自己，使我對未來失去希望，我懷疑自己是否能夠成為一位有穩定工作並擁有健康親密關係的大人。接下來的幾年裡，我幾乎把「療癒自己」當作一份全職工作，一方面努力解除那些陳舊的創傷反應模式，同時重新與一個感覺既熟悉又有點陌生的自己建立連結。

一開始，我是進行臨床治療，當時（還）沒有水晶球或其他有趣的直覺輔助工具。你能說出的任何一種治療方式或資源，我大概都試過。從密集且專業的治療課程到團體治療、眼動減敏與歷程更新治療（EMDR）、藥物治療，最後是瑜伽、寫日記和禱告——我幾乎都經歷了一遍。治療師們幫助我避免接受一段我其實不想活出的劇本，但我仍然渴望一些更溫柔的療癒方式，感受到希望和支持。在我追尋更多以靈性為中心的工具時，我最終拿起了塔羅牌。它們充滿陰性的能量，既溫暖又迷人，令人著迷，也讓我看到自己那些不同的面向，甚至帶有瑕疵的部分依然有其美麗和獨特。每當自己在練習解牌時，那都是一種內心的療癒，這個儀式引導自己回歸真實的自我。這些曾經讓我感到羞愧的記憶和時刻，終於能夠在我反思牌卡時得到被重寫的機會，這些新故事成了我的支柱、標記和里程碑，譜寫能夠讓我引以為傲的篇章。

開啟療癒之旅後，我也開始對其他人的故事感興趣，對於生命中如何帶領我們克服所有障礙的韌性深感著迷。對我而言，與人隔著一副塔羅牌靜坐交談，是一個人能擁有的最親密、也最神聖的經驗之一，這也是為什麼我從不厭倦分享塔羅牌和占卜。我會專注、心懷敬意地傾聽，聆聽我的客戶如何優雅地應對各種逆境，如何勇敢面對生活中此起彼落的挑戰，在療癒之路上追尋其中的意義和歸屬感。

然而，當有人分享自己的經歷時，或者我在幫他們「解牌」時，我會看見他們開始退縮，讓我猶豫是否該抑制某些出現在牌卡上面的內容，忽略牌卡所揭示的陰影或不完美之處。

透過這本書，我想邀請你重新定義和詮釋我們內心深處的祕密，改變我們看待和述說自己傷痕的方式。用新的語言重新書寫我們的故事，讓塔羅牌與它們所承載的訊息，幫助我們擁抱故事中的不完美，而非將這些不完美視為需要被隱藏的東西。請將你所經歷的一切，都當作是內心的邀請，或是一段重返自我的旅程。

在這些篇章中，你將讀到我如何透過內在的探索覺察自我，還有我至今仍在療癒的部分。我希望用一種嶄新的方式來呈現塔羅牌和抽牌儀式，讓你開始把自己的祕密視為神聖的存在，而非羞愧的來源，而是值得被覺察、被看見、被肯定的內在空間。就像是一個有待發掘的空間，值得我們慶祝和覺察。

如何從本書中學習

本書不僅是一本學習塔羅的工具書，也是你深入自我探索的新入口。這本書將會引導你回憶過去的經歷，分享你最混亂、最不完美的部分，並且勇敢探索你的真相，在你尊重自己的同時也讓別人能夠看見你完整的樣貌。我會提供一些練習、建議和範例，告訴你怎麼做到。

我鼓勵你保留那些能引起你共鳴的內容，至於沒有共鳴的就放心地放下。在我的療癒旅程中，我做了許多嘗試，也犯過不同的錯誤，找到了真正適合自己的空間與工具，讓我感到自在、真實，也有另一些雖然有趣，卻始終覺得勉強、不自然的。同樣地，對你而言可能也是如此。有些牌與你一拍即合，而另一些牌則讓你十分抗拒。另外，我也建議你放下對塔羅牌先入為主的既定印象，或執著是否做對，而是把焦點放在真實感以及持續性上。

在第一部分中，我們會探討「抽牌」這項練習中的細微差異，幫你建立穩固的基礎，也能更有自信地解牌。你可以將這部分當作一門解牌速成課。我會分享我的技巧，包括如何為你的牌卡建立專屬的儀式流程、如何理解數字的意義、如何解讀逆位牌的訊息、如何設計屬於你的牌陣等等。

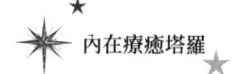

第二部分則是你在練習解牌以及建立自己的解牌流程後會反覆參考的內容。我們將從小阿爾克那牌開始，探索每種花色中的十四張牌，接著認識美麗且具有豐富象徵的大阿爾克那牌。我會提供關鍵字方便參考，還有更深入的解說，讓你能更全面的學習與反思。最後還有兩個具體的練習，讓你能夠整合並進行內在反思。這些練習的目的都是為了讓你能夠深化對塔羅牌的體驗，透過身體力行讓你對每張牌記憶更深刻、更貼近自己，最終能夠「活出」牌卡的能量和意義。這本書也會有許多寫作引導。我認為寫作與塔羅牌是共生的關係，因此我也建議你專門寫一本日記來反思自己所抽到的牌！我還提供了身體感知練習和其他實用工具，協助你實際運用每張牌所呈現的能量。

也許這本書裡最私密也最脆弱的部分，是我為每張塔羅牌所寫下的「引導式書寫」。在我的療癒之旅中，一邊與牌卡共舞，一邊在日記本中寫下的心語，每一段都記錄了我在重新認識自己的過程中所經歷的片段。這些是我的祕密，對應某些特定的牌，提醒我釋放內心的羞愧感。每首詩都是我最真實的表達，也很榮幸能夠分享給大家。

我希望你感受到我對這個過程的熱愛，以及這些牌卡的感情，也期望你能夠在我的故事中，看見自己。

現在，讓我們一起走向內心深處。

Part 1

塔羅的基礎

Chapter 1

回顧：塔羅牌的歷史

塔羅牌並非自古就用於占卜。事實上，它並不像大家所想像的那樣古老或神祕。雖然我們現在視塔羅牌為一種幫助自我探索、進一步了解心靈的工具，但是塔羅牌最原始的目的根本不是用來療癒或者算命。塔羅牌的演變過程中，確實賦予了神祕主義的色彩，並與女巫和通靈有所連結，但塔羅牌的歷史其實非常簡單：它起源於1400 年代左右的義大利北部，是一種遊戲[1]……

……就這麼簡單。塔羅牌並不神聖也非凶兆，它原本只是單純的遊戲。

隨著時間的推移，塔羅牌的故事和目的變得明顯更加複雜，然而當時牌卡的主要用途就是為皇家貴族提供一點娛樂，當時他們玩

1 Jessica Hundley, *Tarot* (Cologne: Taschen, 2020), 10–19.

的牌卡遊戲叫做塔羅奇（tarocchi[2]），大約是泥金裝飾手抄本（illuminated manuscript）盛行的時期，富裕的義大利家族會委託別人製作精美的鍍金插圖卡，通常都是找當地著名的藝術家。這些牌卡被稱為*carte da trionfi*，意思大致是「凱旋牌[3]」。（我將在下一章深入說明這部分，大阿爾克那牌有時候也因此被稱為「王牌牌組（Trump Cards）」。）

我們現在所知道的十四張小阿爾克那牌組其實是一組「點牌（pip cards）」，其中包括十張編號牌和三到六張的男性宮廷牌[4]。我們現今的牌組與當時的牌組非常相似，儘管金幣牌（Pentacles）有時被稱為錢幣（Coins）或圓盤（Disks）牌組，而權杖牌有時則是被稱為短棒（Batons）、棍棒（Sticks）、法杖（Staves）或者棒子（Rods）[5]。

就如現代的牌組，牌面上的圖像代表我們在生命歷程中所面對的主題，反映出我們日常生活中所經歷的事情，並呈現各個群體所面對的起伏。其中，猶太、埃及和基督教意識形態以及占星學元素

---

2 Tim Husband, "Before Fortune-Telling: The History and Structure of Tarot Cards," In Season (blog), April 8, 2016, metmuseum.org /blogs/in-season/2016/tarot.

3 Hundley, *Tarot*, 20–35.

4 Benebell Wen, *Holistic Tarot: An Integrative Approach to Using Tarot for Personal Growth* (Berkeley, CA: North Atlantic Books, 2015), 7–11.

5 David Parlett, "tarot," Encyclopedia Britannica, December 12, 2022, britannica.com/topic/tarot; Husband, "Before Fortune-Telling."

的視覺圖像[6]都十分明顯，像是女祭司牌裡面的妥拉（Torah），以及皇后牌皇冠上代表黃道十二宮的十二顆星，一切都顯示這些教義信條對我們現代牌組的影響。雖然某些牌的編號有被交換（正義牌與力量牌），而其他牌則有教皇、侍衛和慾望等角色，但這一切都有異曲同工之處：為了反映我們人類的經驗[7]。

最後，牌中所代表的各種主題也催生了另一種名為 tarocchi appropriati 的遊戲。這些玩家——就是我之前提到的高貴的義大利人，受到牌面主題[8]的啟發，因而為彼此寫詩。我十分喜愛這個遊戲，因為本質上，它就是我在這本書的後半段所要求你做的靈性書寫，不過是另一種版本而已，可以說是彼此解讀的最早形式。

直到幾百年後，大約是1800年左右，塔羅奇以我們現今所知的塔羅牌形式出現在法國[9]。1909年，英國神祕主義者亞瑟．愛德華．韋特（Arthur Edward Waite）與萊德（Rider）出版社合作出版了一副牌。這是由倫敦的女藝術家，也是公認的神祕主義者，帕梅拉．科爾曼．史密斯（Pamela Colman Smith）所繪製。史密斯與韋特相識，因為兩人都是同一個祕密會社的成員[10]。在史密斯所詮釋的版本之前，塔羅牌的圖像十分簡單，金幣一牌面上就是一枚金

6 Hundley, *Tarot*, 10–19.

7 Husband, "Before Fortune-Telling"; Hundley, *Tarot*, 10–19.

8 Hundley, *Tarot*, 10–19.

9 Parlett, "tarot."

10 Hundley, *Tarot*, 10–19.

幣，金幣二牌面上就是兩枚，以此類推。史密斯是第一位用豐富的色彩和具有張力的人物來解述小阿爾克那牌的完整故事，而且也在每張牌上標註她的蛇形簽名[11]。她對整套牌組進行現代化改造，以便敘述整個故事。這個版本及其藝術美感仍然是迄今為止最常被重新印製和最常被引用的塔羅牌[12]。

我認為史密斯天生擁有賦予塔羅牌個性和深度的天賦，我感覺她就是傳遞這門藝術的管道。令人遺憾的是，長期以來，她對工作的熱忱未能得到應有的認可。儘管塔羅牌是一種視覺的工具，而一般人往往都認為藝術家應該會受到讚賞[13]，但有段時間，她的名字從頭到尾都沒有出現在牌卡標題上。基本上，她完全改變了這個系統，所以在這本書中，我對這套牌的描述和引用中，你都會讀到「萊德．韋特．史密斯牌」（Rider-Waite-Smith）的名稱，而不僅僅是「萊德．韋特牌」（Rider-Waite）而已。我鼓勵你從內心喚起屬於你內在的「史密斯」，用敏銳的眼睛研讀你的牌。你永遠不知道她的插圖中隱藏著哪些能夠引起你共鳴的事物。

那麼，了解塔羅的歷史為什麼對你的學習這麼重要呢？首先，我們要向隨著時間推移而發生巨大變化的實踐致敬，就像你一樣。

---

11 Hundley, *Tarot*, 10–19.

12 Hundley, *Tarot*, 20–35.

13 Jacqui Palumbo, “The Woman Behind the World’s Most Famous Tarot Deck Was Nearly Lost in History,” CNN, May 12, 2022, cnn.com/style/article/pamela-colman-smith-tarot-art-whitney index.html.

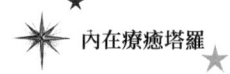

其次，我希望對塔羅牌歷史的了解能夠揭開塔羅牌的神祕面紗，並引導你與它們建立更健康的關係。在我多年的解牌經驗中，我注意到有些人會十分依賴牌卡，在危機時刻求助於它們（稍後我將對我所提出的「恐慌式抽牌」做更多論述）。他們希望牌組能提供人生重大問題的解答，或抹去過往的痛苦。但是這並非牌卡的初衷，這本書旨在幫助你欣賞牌卡的故事，因為這些故事正巧反映出你個人的歷程。

如果你在解牌中看到「負面」的牌而感到焦慮時，我希望你能夠用另一種觀點來看待。牌面所出現的任何事物都不是絕對的命運。說到底，牌卡就是牌卡；解牌之所以神聖在於我們與牌卡建立的連結，而非牌卡本身。（事實上，我對我的牌卡並不執著，甚至喜歡偶爾燒掉某張牌，當牌卡脫離牌組並消失無蹤時，我還會感到自豪。）牌卡並不會告訴我們任何具體的事情，它們只是靈魂（Spirit）向我們發送訊息的載體而已。所有占卜師都會有不同的詮釋，畢竟到頭來，我們都是擁有自由意志的。好好使用它吧！

破解迷思

我的靈性能力與塔羅的關係時常受到質疑，不過當我做出澄清後，人們往往會問我該如何與他們的牌卡建立關係。儘管我與牌卡的關係十分融洽舒服，且解牌已是我的第二天性，但對於一位剛接觸牌卡的新手來說，這種感覺可能會像打開潘朵拉的盒子一樣。

塔羅牌時常背負各種汙名，你對於占卜的疑問也並非毫無道理，畢竟開始解牌後，你就是進入了一個未知的領域，就如愚者一般，一段令人興奮的旅程正等著你。當你的期望或刻板印象越少，你就越能選擇屬於自己的冒險旅程。勇敢地問問題吧，但你也要先做好自己的功課！我將會破解一些有關塔羅牌的迷思，也鼓勵你保持開放的心態，讓自己能夠了解牌卡的新面貌。

Q1・塔羅牌擁有某種我應該感到害怕的「魔力」？

根據每個人對靈性、宗教以及直覺的過往經驗與歷史，塔羅牌或許會讓人感覺像是某種帶有惡意的「魔法」。這個社會已經把許多女性相關的習俗、行為畫上錯誤的等號，但是我可以向你保證，抽塔羅牌並不是犯罪或者與魔鬼做交易。事實上，正好恰恰相反。當你視塔羅牌為療癒的方法時，它們就會承載更多光明。如果你帶著愛靠近它，它也會立即用愛回應你。

Q2・我需要會通靈才能解牌嗎？

不需要。但如果你想要的話，塔羅牌是靈性探索的最佳切入點之一。更重要的是，它能夠促進你與自己的對話，因為牌卡的主題是如此真實、深刻且具有挑戰性，當我們抽牌時，無可避免地會觸碰到自己不這麼理性、更加原始的那一部分。自然而然地，你的直覺會在不知不覺的情況下發揮出來，因為你正在進行不同的內在對話，使自己脫離自動駕駛模式，進入更神聖的空間。

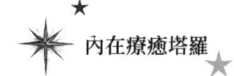

Q3・塔羅牌能預測我的未來嗎？

如同生命中的其他事物一樣，答案是肯定也是否定的。塔羅牌是解讀當下的能量，所以可以根據我們當下的狀況與提問，從牌中讀出能量的走向。接著，我們可以採取行動，運用我們的自由意志有目的地干涉，讓我們能夠重新校準自己的生命，邁向不同的命運。

假如你感覺自己有偏巫術的那一面，對占卜也有興趣，並認為探索這些對你而言無傷大雅，那麼不妨可以嘗試一下，塔羅牌確實還是有算命的面向。但如果你覺得那樣很勉強或不自然，其實完全不需要拿來預測未來，而是很單純地練習抽牌與反思。塔羅牌總是能夠與當下的你同在。

Q4・我需要別人送我第一副塔羅牌嗎？

不用，這只是一種迷信。不過，我認為如果有人送你一份有意義且是為你精心挑選的禮物（勝過一支蠟燭或一瓶酒，對吧？），也是一件很美好的事情！但是，我最喜歡的牌往往都是自己受到吸引而買下來的。其實占卜也是在賦予你主動選擇的力量，所以如果你受到某副牌卡的召喚，就順著自己的心吧！

Q5・塔羅牌有好壞之分嗎？

有些牌讓人容易親近，有些需要多一點時間細細品味，而有些則讓我們想立刻面對需療癒的議題並從中走出。這跟生活一樣啊！所有的經驗都是中性的，但我們卻賦予它們某種情感，並選擇如何做出回應。所以，當我們想靠近或遠離某些人，這都是很正常的。

每張塔羅牌都有中立、陰暗和光明面，而比較難以面對的牌，像是高塔或惡魔牌，也都還是隱藏著一絲希望。我們認為比較正面的牌，像是太陽或力量牌，也都有其極端的一面。只活在二元對立的世界並不好玩，所以我鼓勵你不要太衝動，不需要馬上將牌卡貼上「好」或「壞」的標籤。更何況，我們接觸塔羅，是為了傾聽直覺，不是為了遵守更多規定或拘於框架，那又何必把這些拘謹帶入我們與塔羅之間的連結中呢？我認為，靈性工作並不需要任何標籤。

Q6・塔羅牌必須單獨練習嗎？

我的建議是：優先考慮屬於你與塔羅牌的私密對話，讓牌卡成為美好的體驗，成為你與靈魂之間的管道。但是人類——特別是女性——世世代代都聚集在一起，所以塔羅牌的團體應用也有其獨特之處。

我們都是群體動物，能夠透過分享與說故事的能力而茁壯成長，如果沒有這些社群，我的療癒也不可能成功。這本書會讓大家回憶起，塔羅牌也曾是一種社交工具[14]，我也盡可能地詳細說明如何與他人分享每張牌的領悟，同時深化你與牌之間

14 Wen, *Holistic Tarot*, 7–11.

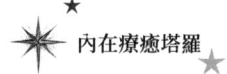

的內在連結。你可以和大家分享你的收穫，和摯愛或對塔羅感興趣卻猶豫不決的人聊聊你的心得。如果你對此引以為傲，就把你的塔羅牌介紹給大家，並且分享你在旅程中獲得的智慧！

Chapter 2

拆解：塔羅牌的組成

塔羅牌本身擁有一個清晰與完善的系統，所以先讓我們來定義及區分塔羅牌的組成。透過理解牌卡及系統的結構，身為解牌者的我們先奠定基礎，明白這些牌卡並非隨機出現，而是層層交織勾勒出一個有脈絡的故事。我們首先會遇見編號零號的主角（愚者牌），跟隨他經歷接下來七十七張牌的旅程。每個主題都傳遞著不同的細節與深層涵義，而塔羅牌的整體架構可以協助身為解牌者的我們，幫助我們釐清應聚焦的重點，並對可能的發展有基本的認識。

總共有七十八張牌（不可能更少）

傳統的塔羅牌不能少於七十八張牌。這些牌卡都是經過精心設計，組成一個有組織的系統中，故事層層推進，富含意義與複雜性。我認為一副標準塔羅牌就必須是七十八張牌，才能對塔羅牌的傳統意義及解牌脈絡表示尊重。確實有不同藝術家和創作者會額外添加牌卡，作為創意延伸，也能用有趣的方式擴充主題性。然而，大多數你接觸到的牌卡都會包含大阿爾克那和小阿爾克那牌中的七十八種意義。

你可能會覺得與自己有共鳴的牌組少於七十八張牌，這些牌可能是神諭卡（oracle cards）、肯定語卡（affirmation cards）或天使牌（angel cards），雖然它們同樣可以成為強大的治療工具，鼓舞人心，但不應與傳統塔羅牌混為一談。

大阿爾克那

大阿爾克那由二十二張牌所組成，從愚者（編號0，或無編號）開始，到世界（編號21）結束。這些牌象徵靈魂的旅程與靈性的成長。相較於小阿爾克那，它們更具原型性和主題深度，因為每張牌都代表我們一生中所面臨的共體能量（和困境）。大阿爾克那有時也被稱為王牌，它們之所以令人難忘，是因為它們描繪了我們生命中那些強烈的重大篇章，帶給我們不同訊息，也預示著轉變、終結、重生與整合的生命階段。

基於我對牌卡的特殊情感，我將大阿爾克那牌稱為塔羅牌中的「重量級人物」，因為每張牌的主題都蘊含豐富的象徵和深遠的意圖。這組牌在我們的療癒旅程中有舉足輕重的影響，所以當你解讀大牌時，請特別注意它們，並將它們視為當次解牌的主軸，它們傳遞的是你抽牌當下最能接受到的核心議題和最明顯的能量動向。

小阿爾克那

小阿爾克那由五十六張牌所組成，分為四種花色，就如撲克牌一樣，每種花色帶有十張數字牌（從 A 到 10）以及四張宮廷牌。

小阿爾克那是整副牌中數量最多的部分，代表著我們日常生活的風格、任務、關係以及經歷。有些牌對你而言可能十分熟悉，有些卻又感到相當多餘，因為這些都是在我們生命循環中習以為常或周而復始的能量。小阿爾克那能量多元，告訴我們如何行動、回應和整合來自大阿爾克那中的學習和靈性成長，提供具體的指引和啟發。

金幣（土）	金幣牌與物質世界息息相關，包括我們的身體、健康、家庭、財務和事業，它所對應的元素是土，象徵著務實、勤奮、忠誠與耐心。

聖杯（水）	聖杯牌掌管我們的情感領域、涵蓋各種情緒、各類型的人際關係，對應的元素是水，與療癒、脆弱和敏感有關。這組牌也強調我們的直覺與共感力。

寶劍（風）	寶劍牌掌管智力和思維，連結我們的思想、溝通力（語言和非語言）、智慧和邏輯，對應的元素是風，象徵適應性、快速變化和好奇心，寶劍牌也反映我們的個人真理、誠信和真實性，並重視正義、公正與誠實。

權杖（火）	權杖牌與個人力量、激情和信心有關，探索我們對於生命目標、創意願景和原始本能的覺察和連結。權杖牌與火元素有關，象徵強烈性且具有轉化力量。這個元素能觸發我們的自我意識，迅速回應衝突或湧泉一現的靈感。權杖牌代表變革的力量，充滿著魔力與獨特性。

宮廷牌

宮廷牌是每組小阿爾克那花色的最後四張牌。這四種花色的宮廷牌在塔羅中創造了十六種性格類型和迷你「家庭」，每組宮廷牌由國王、皇后、騎士和侍者所組成。

宮廷牌代表

我們自己：特別當你在為自己解讀時，宮廷牌可能會指出你性格中的某一塊，提醒你應該更深入理解、欣賞並善用該特質，來克服現實中的衝突與挑戰。或者，塔羅牌可以點亮你性格中需要釋放或者更加成長的那一面，一個能讓你進化的空間。

抽到宮廷牌後，你可以問自己一些問題：

- 這張宮廷牌的性格聽起來像是朋友或家人對我的描述嗎？
- 我在自己身上是否也看到了這個性格的天賦？
- 這張牌是否反映了我引以為傲的某一部分性格？
- 我是否有帶著自信分享自己的這一部分？

他人：有時，宮廷牌代表你的伴侶、摯友、有毒的同事、母親或兄弟姊妹。善用並跟著你的直覺走吧！有時你會十分清楚這張宮廷牌代表生活中的某個人，可能是一位你可以信賴並會幫助你的人、一段需要設立界線的互動關係，或者一位仍占據你能量意識空間，需要透過更多療癒來釋放的前任。觀看這些性格的天賦與優勢，還有其陰影面。這些特質是否有與你相似之處並能夠支持你，或是如何阻礙你的自我連結與平衡？

事件及消息：雖然我們解牌時會將角色與自己生活中的人物對號入座，但有時候它們的出現會標記某個事件、代表即將到來的消息，或者反映能量的進程或成熟度。騎士與國王通常與事件有關，侍者則是帶來消息或者傳遞訊息給我們，而王后可以代表創意計畫或新機會的來臨。

宮廷牌的位階與成熟度

侍者	身為塔羅牌中的孩子與學生，侍者是宮廷牌中稚嫩與單純的存在。天性帶著好奇心，渴望探索未知，引導我們面對那些不常觸及的自我面相。這股能量可能會喚起我們過去未曾敞開的經驗，而他們孩子般的純真與好奇心會讓我們著迷，邀請我們帶著喜悅的心，回應召喚，聆聽它們的訊息。

騎士	騎士們是行動派代表。在塔羅牌中，他們代表我們如何啟動、何時出發及為什麼採取行動。他們是發起者，即使不完美也勇於在行動中學習與調整。他們不怕冒險、犯錯，並在過程中不斷蛻變。在牌卡中，騎士們通常被描繪騎在馬背上，代表他們回應及應對挑戰與衝突的方式就是往前進。

皇后	皇后是宮廷的守護者。她們的能量溫柔且女性化，帶著智慧及成熟的態度，優雅地端坐在自己的寶座上。皇后幫助我們看見內在可被療癒的地方。皇后們天生具有創造力與啟發性，幫助我們進化，重新想像創作的方式與自我成長的路徑。她們也象徵女性的成熟、性慾及母性的轉化過程。教導我們如何連結女神的能量，滋養自己也滋養他人。

國王	國王象徵權威與掌控，是塔羅牌的領導者。他們往往在自己選擇的領域中表現出色，可以運用技能與知識來服務他人。作為一種典範，經常反映出我們在生命中的強項或者已經建立的主導地位。他們代表著名的遠見領袖或統御者。

宮廷牌都是非二元的，所有十六張牌都存在你之內

請記住，每張宮廷牌都是非二元性別的。雖然你會在這本書和其他塔羅牌書中找到性別語言，但其實這些原型人物都沒有特定的性別。例如，一位認同自己為女性的解牌者既可以是國王，也可以是皇后。要讓自己練習脫離他們的外在形象，並更專注於他們所帶來能量，思考自己是否也能展現出相同的能量。

另外值得注意的是，這十六個角色共同代表一個完整的個性和人物，也就是你。我們無法被其中一個角色所定義，因為在不同的生活場景中，我們可能展現出各種角色的優勢（或顯露他們的弱點）。有時候，我們可能會像權杖國王一樣在職業生涯中占有主導位置，但當我們和伴侶踏入家庭時，我們會迅速轉變成聖杯皇后的溫柔角色。宮廷牌代表我們的多重面向，當你解牌時，可以將他們視為你最喜歡的情境喜劇中被放大描繪的角色，他們誇張地展現你的天賦或缺陷，但並無法代表完整的你。就如同被稀釋成一堆標籤和定義的系統一樣，從占星學中的太陽星座到MBTI，再到九型人格，我們總是會發現例外。在學習的過程中，你可以做另一個有趣的練習，例如問自己這個角色出現在自己生命中的哪個地方，以及他們讓你想到誰。你會考慮跟他們約會嗎？成為他們的好朋友？還是一起創業？當你越來越熟悉他們的本質時，你將會看見自己的家人、老朋友甚至前任的迷你縮影。

好好運用這些宮廷牌，提醒自己究竟是誰，或者可以成為什麼樣的人，但不要讓它們定義自己靈魂的全貌。

練習

請你的塔羅牌引導你學習並開起塔羅系統的探索之旅。

1. 拿起塔羅牌，並且分成三疊。
   - 大阿爾克那（二十二張牌）
   - 小阿爾克那，分成四個花色，從A排到十（四十張牌）
   - 宮廷牌（十六張牌）
2. 從每疊牌中隨機抽一張，並在每次抽牌時問自己以下問題：
   - 我需要先專注於哪一張大阿爾克那的課題？
   - 我需要先學習哪一張小阿爾克那的行動？
   - 我需要先看見哪一張宮廷牌角色？

Chapter 3

循環：塔羅牌的數字學

小阿爾克那中的A到十代表一個循環，這個循環講述著一個故事，故事有一個清晰的起頭，經歷波折起伏的中間過程，最後（希望是）以一個具有收穫的結局落幕。在各種小說、令人感傷的電影還有我們著迷的Netflix連續劇中，我們接觸到許多故事。事實上，我們每天沉浸在各式各樣的故事中，以致於常常能預測接下來的劇情發展，甚至跟某些人物原型產生熟悉感和情感連結。

這些循環慢慢變得熟悉——甚至讓人覺得理所當然。直到我們被要求回頭檢視自己的故事情節，不然我們也不太知道究竟發生了什麼事情！我們可以輕易地看出別人應該如何度過他們的高峰和低谷，但當面對自己故事中的曲折時，情緒卻往往過於激動，很難看清整體的脈絡。然而，塔羅牌能夠在這極其人性化的過程中照亮我們尚未理解的部分，幫我們後退一步，明白這些荊棘只是故事的延續，而非最終的結局。儘管解牌有時會令人十分沮喪，但這也是一種促進自我覺察的練習。

我完全可以理解為什麼對初學者來說，塔羅牌可能會過於陌生又令人疑惑。當我們開始對塔羅牌提問、探索自己的內在時，就會意識到自己原來還有那麼多未知需要被挖掘及理解。我也曾經是個滿懷熱情的新手，一開始會開心地翻開牌，但常常因為某張牌困住思緒而感到挫折迷惘。我知道這種練習會讓人感到脆弱，或許在某些方面顯得比較「神祕」，但我沒預料到會如此壓力龐大且細節繁瑣。我隱約知道每個花色與某些元素是有關聯的，而且某些牌比另一些牌更加「黑暗」。我知道（而且也很欣賞）每張牌的細節都是精心設計的，但是，天哪，要學習和背誦的東西實在太多了。

與其陷入這些細枝末節，我最後決定用不同的方式來學習塔羅牌。我不再執著每張牌的細節，反而專注於整個系統。致力於大阿爾克那和小阿爾克那之間的差異。我發現，每個花色有其相對應的生活領域，當我把大大小小的碎片組合在一起，就變成一幅完整的生命圖像。

接著，我開始有更明確的方向，深入研究牌卡的圖像，以便理解牌卡想展示給我看的故事。我也研究了數字學（Numerology）以及每張小阿爾克那數字牌所代表的意義。這時我才回頭研究那些細節，內心不再感到不知所措，因為我已經明白每張牌都在這個故事中有它特定的位置。

我可以有自信地說，在我為客戶解了數千次牌，並為自己也抽了一百萬次牌後（好吧，這有點誇張），身為解牌者，我認為數字學是解牌中最有幫助的一課，能夠強化我對訊息的直覺反應，使解牌變得更合理。儘管我不是數字學的專家，但我確實喜歡與新手們分享這個系統，讓他們遊走於各個原型人物之間時能夠先做好準備，並多一條可循的線索。

什麼是數字學？

數字學（Numerology）是一門研究數字及其象徵意義的學問。每一個數字都有其獨特的振動頻率，這些頻率包含了關於我們生活軌跡的訊息。這些數字能提供個人層面的洞見，幫助我們反思自己與自身的關係，或者以宏觀層面而言，告訴我們如何與宇宙的集體能量相融合並受到其影響。

它是一種將頻率或「振動」進行分解，並把這些能量構建成一套有系統的語言。數字學不僅應用於塔羅牌而已；我已經對塔羅實踐中的數字學感到信心和熟悉，但同時我也對數字學在其他形而上學領域的應用保持濃厚的興趣和好奇心，例如占星學和生命靈數等。

相信我，學習數字學比依賴自己的記憶力來得有效。當然，背誦是學習小阿爾克那五十六張牌的一種方式，就像背單字卡一樣，背誦關鍵字和簡要解釋，直到臉色發青。或者，我們可以學著把塔羅「活用於生活」，不只學習塔羅系統本身，同時也能更深入地了解自己。我保證，你會對小阿爾克那的主題和重複出現的內容更加熟悉，而且由於重複性質高，你會認知到這些牌卡之間的細微差異（甚至讓你開始欣賞它們）。

記住，我們同時處於許多循環之中

我們的故事無法一次合併到一張塔羅牌裡。我的朋友，你的影響力比你想像的要大得多，你的個人生命歷程十分複雜，無法簡化為單一的框架。

你很可能遇見一位善良且充滿吸引力的對象，但因為時間點錯誤或者不同的未來規劃而結束這段關係。他們並沒有陪你走一輩子，但下一個很可能就是對的人。

你看到一個意外很適合自己的職缺，所以沒有想太多就打包了自己的行李，搬到那個城市，希望能夠拿下這個機會有所成長。

你買了一間房子，但後來空間變得太小，只好搬到另一間。

你戒除了自己的成癮行為。你透過哀悼來處理生命中的失落。你抵達個人療癒旅程的結尾，有種煥然一新的感覺，你會發現自己已經不同，能以更多的智慧與韌性面對下一個挑戰。

很多事情可以同時發生。儘管你的事業可能蒸蒸日上，處於循環的「穩定」階段，但你的個人關係或靈性療癒之旅可能才剛剛展開，讓你感到脆弱不安。當你學習小阿爾克那的數字學時，希望你能夠意識到自己同時正經歷多個人生循環。

變是唯一的不變

在解讀小阿爾克那時，請記住沒有什麼是必然的。如果你感覺是時候做出轉變或結束某個循環，那就這樣做吧！你對新工作、嗜好或人際關係的承諾不一定要永遠持續下去。唯一的「永恆」就是當你來到這個世界，成為此時此刻真實且活生生、會呼吸、會感受的自己時，你的靈魂所選擇的體驗旅程。你是你現實的創造者、你故事的撰寫者、你生命的神聖指導者。假如你認為需要退出時，其實這就是尊重自己的表現。挑戰你內心的聲音，優雅地告別並不該被看作是「放棄」。在解讀塔羅牌時，我們不僅要聆聽最真實的自我，還要遵從直覺的連結，聆聽比內心批判更帶有愛的聲音。重要的是，盡可能地留意這些聲音，並試著停止自我批判。

我們的課題就是辨別並修復生命中反覆出現的模式，這樣當一扇門關閉時，下一道門開啟時擁有更高品質與樂趣。透過塔羅牌，我們有機會整合過去循環中所學習的教訓，好讓當下的循環更加順利、豐盛且充滿熱情。這種自我覺察賦予我們更多力量，推動人生的故事向前發展。

循環並非線性的

雖然小阿爾克那和塔羅傳統試圖透過數字邏輯建立一條明確的路徑，但我們不一定要完全遵循它。這些循環並非線性，不是一個接著一個依次發生。相反地，我們的經歷有時會跳過、重覆或原路返回某些階段。試著不要太執著於數字順序，而是專注於學習其中的課題。如果你發現自己倒退或跳過了某些步驟，那也沒關係。牌卡的能量千變萬化，不可預測，循環中的變動或許意味著你的精神嚮導已經為你安排好了特定的計劃。

數字一（王牌）

｜關鍵字｜

新的開始、嶄新的觀點、宇宙的禮物、靈感、最初的階段

｜核心意義｜

假如要參加一個活動，我們往往需要先收到一份邀請，而王牌（Ace）就是小阿爾克那旅程的那張邀請函。在塔羅牌系統中，王牌（1）象徵全新的開始、第一步和眼前的機會，為我們展現潛在的可能性。當我們看到這個數字時，你的任務是判斷這個機會是否能夠激起你的興趣和熱情。如果可以的話，那麼就要積極地做出回應，並說「好」。

我認為可以將四張王牌視為四種元素（土、火、水、風）最純粹的能量表現。如果提問者願意，王牌會提供一個全新而中立的起點，這也帶出我常與其他客戶分享的一個有關王牌的重要觀點：如果我們不願意，我們不必進入這個新的循環週期。就像我們可以拒絕某個工作機會或第二次約會一樣，我們其實沒有必要接受所有事情。

在萊德・偉特・史密斯牌組中，這些來自靈性的餽贈以一隻漂浮、沒有身體的手遞出元素的禮物，象徵我們尚未將這些

新能量完全整合或具體化，而只是處於評估的階段，準備接納其積極性和潛在的可能性。

｜解讀時…｜

請以積極、正面的角度看待這些牌！王牌象徵機會和輕鬆愉快的體驗，就像呼吸一口新鮮空氣，這些牌為我們提供身心靈重新開機的機會。不要讓自我懷疑或無價值感掩蓋它們，保持輕鬆自在高頻的狀態去解讀。對於那些致力於內在成長和深度療癒的人來說，王牌象徵你努力所得到的祝福。王牌的能量非常「純淨」，所以在解讀的過程中，你可以放心，因為你已經跨過了上一個循環週期，正於神聖的時間點迎向充滿希望的新階段。

數字二

｜關鍵字｜

夥伴關係、做出一致的決定、保持平衡、處於僵局或十字路口

｜核心意義｜

我們正式做出了決定。接受了王牌的召喚後，我們就會向「二」的能量前進。「二」在塔羅牌中象徵著夥伴關係、二元性、平衡和選擇。我們進入了一個更穩定的階段，開始注意到過去的責任以及他人意見與觀點的影響。在這個階段中，我們

需要有意識地思考與選擇，並在這些不同的影響之間尋求平衡，這才是關鍵所在。

以金幣二為例，它所帶來的課題是需要在時間與物質責任間重新排序與協調。寶劍二則顯示思維所出現的僵局或不平衡，導致令人不安的優柔寡斷。生活有時就是需要靈活應付多種事情，當你權衡利弊時，要記得，關鍵就是善用自己的判斷能力。

｜解讀時…｜

這張牌通常暗示著有兩方或兩種對立觀點。除了你或你正在解讀的人之外，總有一個來自另一方的影響力（例如人、情境、地點、期望等）。考慮這些對立面，才能讓解讀更平衡、完整。

數字三

｜關鍵字｜

社群、姊妹或兄弟情誼、開始看到努力的進展和認可、潛在的第三方或外部能量、團隊合作、協作、學徒關係

｜核心意義｜

從數字學角度來看，三象徵塔羅牌中的集體能量。這些牌謙遜地提醒我們再怎麼強大，也無法孤身完成所有歷程。雖然

目標的設定或旅程的起頭可能來自個人的靈感、想法或決定，但最後的實現必須依賴某種外部支持。在此，合作、社群和溝通是這一循環階段中反覆強調的關鍵主題。

｜解讀時…｜

主動尋找指引、學會接受幫助並暫時放下自我。在小阿爾克那的循環中，這個階段強調社群的支持、團隊合作的力量，以及協作而非競爭的價值。當你需要讓他人介入時，留意任何可能出現的負面情緒或怨恨，同時也觀察自己是否對朋友、同事或同儕的認可過於依賴。

數字四

｜關鍵字｜

基礎、結構、停止、更新、內在專注力、穩定性

｜核心意義｜

四是一個關鍵數字，也是我在數字學的循環中最喜歡的元素之一。通過結構和簡單（有時甚至是重複）的例行公事，它提供了暫停、休息和重整的機會。雖然當事情才真正剛要開始時選擇暫停似乎有些矛盾，但從直覺的角度來看，在這個階段喘一口氣，然後再積極地準備，迎接未來可能出現在五號牌中的挑戰和混亂是相當合理的。就像我們的靈魂知道即將面臨挑戰之前，需獲得片刻的安歇，好重新整頓，與靈性連結。

這個階段也強調持續性。最初的興奮和對新事物的衝動正在消退。在這個階段，你的意圖不再只是單純的起步、讓事情逐漸成形，而是要更加明確並穩定前進。隨著這段療癒的蜜月期結束，反思一下你目前培養的身心靈實踐是否能夠長期地持續下去。

｜解讀時…｜

此刻的緩慢不是浪費，放慢速度是絕對必要的。我們必須停下來反思，才能真正整合並成長。因此，像數字四這樣的階段並非在浪費時間。雖然這些牌可能讓人感覺停滯不前，但它們代表我們需要按下暫停鍵，以協助我們在接下來的循環週期和挑戰中保持穩定的心態。記住，你是一個人，而不是一台不停生產和前進的機器。重新調整及定義你對緩慢時期的看法和價值。

數字五

｜關鍵字｜

挑戰、紛爭、損失、哀悼、需要某種信仰、連結或靈性

｜核心意義｜

五這個數字象徵變化，無論好壞。如果要我老實說，這通常是帶有破壞性且令人不適的改變。現在處於一到十循環的中間階段，能量達到巔峰，情緒帶有爆發性質，環境條件不太理

想，因此必須做出一些改變來重新找到平衡，並幫助我們克服眼前的挑戰。五所帶來的不舒服感和艱難使我們能清楚看見自身的堅韌與強大，這些障礙往往以非常真實的方式引導我們成長，並在逆境中帶來新的視角，提升我們的品格。

｜解讀時…｜

首先，練習同理自己，多帶點寬容心。我們都會有跌倒的時候，責備自己並無法幫助你駕馭這股能量。當五出現在解讀中時，請注意並有意識地思考你的療癒能量該往哪裡投注，以什麼方式釋放它。在這段經歷的巔峰，試著找出能夠撫慰自己的事物，這只是一個短暫的低潮，一切都會慢慢向上。如果你正在為他人解牌，請用謹慎的態度營造一個帶有包容性的空間，專注於他們的困境。我建議你懷著希望和樂觀的態度，因為你知道他們有能力克服難關，但在渡過難關的過程中，他們需要對這種不適保持覺知。

數字六

｜關鍵字｜

前進、堅持、進步、重拾正向的觀點、煥然一新、恢復活力和重新調整

｜核心意義｜

塔羅牌中的數字六頗受人愛戴。它平息了先前那些令人困

擾的數字五能量，讓我們從所經歷的情緒動盪和令人分心的紛爭中掙脫出來。與數字三相似，這個循環週期常會有朋友和幫助者的出現，我們也能夠重新感受穩定的到來。此階段的美妙之處在於，它不只帶來平靜，更幫助我們深化與內在自我、人生目標，以及過往困境間的連結。我稱它們為「強者」卡。回想那些曾令你崩潰的時刻，是因為你勇敢站起，並堅定相信自己值得更好。要知道，你的旅程尚未結束，而你比以往更有力量前行。

｜解讀時…｜

在解牌時，我建議你試著欣賞過去所克服的挑戰和所學到的靈魂課題，並將之融合在自己的生命裡。感謝那些艱難的時期，並對一路支持你的人表達感謝之情。

數字七

｜關鍵字｜

反思、沉思、評估、重新定位、知識、真理、自我負責、洞察力、負責任、致力於療癒的實踐

｜核心意義｜

好吧！現在是時候迎接小阿爾克那牌組中另一股具有挑戰性的能量了。數字七所代表的，並不是明顯的不適或劇烈的衝突，但這股能量會考驗我們的耐心，並要求我們進行內省。這

個數字的頻率有些奇特，且令人感到停滯不前。此時此刻，這階段會測試你的耐心，讓你不得不向內看，你可能渴望更豐富、多采多姿的事物。

數字七確認我們已經準備好迎來自己所選擇道路的回報，並實現我們在循環的早期階段所設定的目標。在此階段中，靈魂和塔羅牌帶來新的自我療癒機會，而自我覺察是其中的關鍵。如果我們看鏡子時無法誠實地面對自己，並評估自己需要更努力的地方，我們可能會在此階段變得過於自滿、停滯。這個數字並非要我們麻木逃避，而是鼓勵我們再次深入並探索內在。儘管等待結果的過程可能令人沮喪，但這是創造和真正實現目標的必要過程。

｜解讀時⋯｜

將注意力聚焦於事實而非情緒。在解讀數字七的時候，你可能會對自己的進展感到沮喪或不耐煩。這種緩慢前進的能量容易觸發你原本就有的恐懼或無價值感，觸發你的情緒。請誠實地檢視你的生活和努力，必要時做出改變，不要急於評判你的進展、時間表或自身性格。根據我解牌的經驗，為他人解讀七這個階段時，要麼進展順利，要麼感覺有點勉強。要了解，這些課題在很大程度上取決於人們是否願意融合或願意真正面對所需要的自我覺察。所以，如果你所傳達或建議的訊息沒有被完全接受，請不用太介意！

數字八

｜關鍵字｜

精通、技藝、奉獻、行動、最後的努力、信心、自信

｜核心意義｜

塔羅牌和小阿爾克那循環週期中的數字八，代表進展與完成，並提醒我們需要優先考慮和關注的事情。在經歷前面幾個數字的努力後，數字八預示著成功已近在咫尺——真是太棒了！此時的能量和振奮感正在累積中，你也順利地接近週期的尾聲。這個數字需要你做出最後的努力，使你更加熟練精通。準備好展現自己和你的目標，投入更多的精力來贏得即將到來的成果。數字八告訴我們，我們*可以*做到，而且我們*即將*成功。

｜解讀時…｜

到了最後的衝刺了。現在是時候全力以赴，並深化自我療癒的體驗。在這段旅程中，無論是需要放下阻礙你的思維（如寶劍八），還是更加努力追求目標（如金幣八），又或是告別那些對你無益的事物（如聖杯八），這些都是你必須採取的最後幾步行動，才能確定你與目標保持一致性，並為這個美好的故事迎來最有意義的結局。

數字九

關鍵字

成就感、運氣或命運、完成目標、獨立、和諧、極致喜悅、幸福、過度激昂的能量、過剩（如寶劍九或權杖九）

核心意義

雖然你可能認為數字十才是邏輯上代表一個循環的結束和完成，但小阿爾克那的結局實際上分為兩部分。九是故事情節中的高潮，是豐盛（無論是好是壞，取決於牌組的元素）的到來！有了這個數字，你所做的工作和努力的結果顯而易見，你經歷過的所有教訓與歷程，最終都導向這個有如「回報時刻」的章節。

相較於即將到來的十，九更具有獨立的能量，因此留意自己是否能在內心感到安全，在哪些方面活得豐足、自主，並看看此刻人生有哪些領域與經歷讓你感到驕傲。

解讀時…

在你走過的旅程中，試著以同等的驕傲與感激來看待自己。在這個豐盈的階段，自豪地肯定你所付出的努力和療癒的成果。好好感受當下的覺察、謙遜和感恩之心，真正擁抱這個階段，並回顧這段旅程帶你走過了什麼。如果你無法享受內在努力的成果和釋放，這一切又有什麼意義呢？你應該為自己慶祝一下，而不是急於進入下一個循環。

數字十

｜關鍵字｜

循環週期的結束、豐富和滿足、慷慨和給予的時刻、釋放、承擔責任

｜核心意義｜

現在，真正的結局來臨了！數字十是小阿爾克那牌組中的最後一張牌，雖然它們象徵結束，但同時也代表著重生、對新體驗的渴望，以及再次投入（通過新的王牌）的意願，以獲得更多的自我療癒和成長。這個數字強烈而美好地提醒我們，內在的課題永遠不會真正結束，因為我們的天性是追求更多的成長，以及靈性或個人的昇華。對於眼前出現的挑戰，我們或許感到無奈，甚至質疑自己是否有克服的能力，但事實是，我們天生具有韌性，享受克服困難的過程。塔羅牌中的數字十詢問我們：接下來會發生什麼呢？還有我可以從這次經驗中分享什麼？

｜解讀時…｜

想一下，你有哪些智慧可以分享給他人呢？我相信每個人都是療癒者，因為我們的個人心路歷程都可以鼓舞那些走在類似道路上的人們，使大家團結一致。當你在解讀中感受到數字十這種豐沛的能量時，也許是時候將你的療癒歷程和經驗分享給他人了。

我的完整循環週期

在撰寫本章時，我才意識到我的塔羅之旅也可以濃縮為這十個部分。

我無意間發現了一個愛好，它輕易地啟發了我，並引起我的興趣（王牌）。接著，我決定為自己購買一副塔羅牌（二）。我開始閱讀牌卡的意義，在網路問問題，並參考那些早已熟練這門技藝的讀牌者們觀點和想法（三）。後來，我發現這項練習讓我感到平靜、有安全感，對我個人成長有所助益（四）。那段時間，我正經歷了幾場人生暴風雨，在恐懼和轉變時刻向塔羅牌求助（五）。我開始對這種實踐有了新的看法，將其視為一種有價值且實用的工具（六）。多年過去，透過有意識且持續的內在探索，我有更深入的體悟，並強化自己原有的天賦（七）。我努力提升自己的解讀能力，如同我努力提升自己一樣。我建立了儀式，並始終如一地為我的客戶服務（八）。最終，我發現自己置身於一個圍繞著七十八張美麗牌卡而形成的社群之中，也迎來了源源不絕的事業機會。（九）。我深感讚嘆與感恩，也希望能為塔羅界留下一些特別且充滿力量的東西：一本能支持讀者們，在面對牌卡時能懷抱優雅、無懼，並完整地做自己的書。如今，這本書就在你手中（十），我為此深深地感謝你。

練習

請以我上述的文章為範例，回顧你人生歷程中的循環或階段，寫下屬於你的Ace到數字十的故事。回想一下這一路走來的錯誤、收穫，以及學習到的課題。

Chapter 4

實踐：儀式、習慣、解牌準備

我們介紹了一些基礎知識，包含最佳的實踐方法、塔羅牌的起源，以及它們所遵循系統的週期和目的。現在，親愛的朋友們，我們要進入最精彩的部分了。我們即將要開始洗牌並使用這副牌，看看我們作為占卜師和說故事者的能力。（相信我，你的能力遠超所想）這一定會非常有趣！

其實，這一章完全可以發展成一本書，深入探討你與塔羅互動時可運用的各種儀式、日常練習與神聖實踐，供你在與塔羅互動的過程中加以運用。不過，我選擇只提供最基礎的內容，供你能自由探索。我的目的是分享建議和想法，啟發你與這個靈性工具建立連結，同時不讓那些剛開始將塔羅牌作為自我療癒練習的人感到過於負擔。在本章中，我主要會著重在為自己解牌的體驗，但這裡分享的一切，同樣適用於你為摯愛之人提供解讀與訊息時參考使用。

探索……然後建立（並堅持！）你的習慣

當你看完並消化這些建議時，我最大的忠告是：勇於嘗試不同的方法，找到在你的實踐中最有效又最能持續下去的方式。我相信，嘗試各種洗牌和抽牌方式，並在開始解讀之前做好準備，是幫助你找到適合自己、放鬆並感受到支持方式的最佳途徑。我常對我的塔羅學生們說，解牌需要在完全信任和臣服之間取得平衡，跟著自己的直覺走，同時建立一個讓你感到穩定、安全且可信賴的能量空間。

當你找到適合自己的方式，就堅持下去吧！一旦你打開直覺天賦時，重複練習就很重要了，因為這樣有助於形成一套可預期的行為模式，讓你的第三隻眼能夠「自在運作」，也讓你在接收訊息並建立連結時，感到充分自信與支持。

準備自己的空間

當我在解牌時，擁有一個讓我心無旁鶩、沒有聲響與雜亂的空間十分重要。家中所有的物品都帶有能量，如同所有生物一般。所以當解牌時，身旁有許多物品會干擾牌卡的訊息，讓你的解讀變得模糊不清。

許多塔羅讀者會在家中設置一個專屬的解牌空間，我認為這是一個很棒的主意。我喜歡在自己辦公室內的聖壇上抽牌，聖壇是一個能激發我們的靈感的空間，並象徵著我們的靈性意圖、療癒過程、形而上層面的承諾及學習。這不僅只是個能發布在Instragram貼文的水晶陣，而是對你來說真正具有神聖意義的所在，聖壇可以擺放你所需的一切工具，包含你的牌卡。它可以是滿桌精緻物品的華麗空間，也可以是窗台上幾副牌卡與植物組成的簡約角落。要記住，靈性無需過度奢華。你只需將這個空間融入你的日常儀式和靈性工作中，讓你能夠在此感受到輕盈和自在。

你的塔羅聖壇可以包含：

- 你的塔羅牌和神諭卡等。
- 水晶。
- 線香或蠟燭。
- 過世親人的照片、兒時照、與你有所連結的神靈圖片、或任何你認為與指導靈有關連的圖像。
- 意義深遠且特別的紀念品、筆記或小飾品。
- 乾燥花或鮮花、河床岩石、小貝殼或其他自然元素。

提示 我也喜歡在清晨交通開始喧囂之前的那段寧靜時光，在門廊或陽台上解牌。如果你選擇在大自然中占卜，也可以留意周圍的元素（大地、風、流水和陽光），並感受它們對你解讀過程的影響。當你身處戶外時，可能會與牌組元素有更深入的連結。

為自己和身體做好準備

抽塔羅牌是一種能量工作，在解牌的過程中也會需要我們的身體和情緒能量。所以你可能會注意到，當你要開始解牌時，身體會較為緊繃，或者在解牌結束時感到疲憊，因為在這過程中你會投入許多專注力與情緒。

首先，我喜歡透過一些運動來擺脫可能會影響我解牌的殘留壓力，所以我會去鍛鍊身體或散散步，或者有時我會站起來，擺動四肢，喚起一種清明且敞開的能量頻率，也會花一點時間進行幾輪深呼吸，讓自己集中注意力，回到內在的穩定與中心。

有時候抽牌前，我也會練習一些能讓我找回內心平靜的接地練習，這些「能量保護儀式」基本上能夠調整、轉換或釋放你的能量，穩定你的頻率，讓你在運用共感能力時感受到支撐與保護。

多年來，我從導師和指導者那裡學到許多身心靈工具和技巧，而我會分享我日常能量保護練習中的兩個基本且簡單的步驟，你可以在進行解讀之前、清晨起床時、或者在你與他人能量接觸前使用。

能量保護儀式

步驟 1：接地線練習

這條接地線象徵性地將你的身體與地球連結起來。透過定期的接地練習去冥想這條接地線，可以幫助你在探索或進入更高靈性層次時，感受到穩定、紮根和支持。所以這個練習已經是我占卜前不可或缺的一部分。

試看看……

挺直坐姿並調整你的呼吸，冥想一顆光球在你的脊椎底部（海底輪）或腳底，這就是你的接地線。

一旦你能夠看見並注意到這股能量的顏色與細節後，看著它，它會像一條繩索般從你的身體延伸，穿過腳下的土壤層，向下延伸數英哩，直到連接至地球的核心。現在，任何停滯、阻塞或沉重的能量都以這條繩索為通道，從你的身體排放出來。我喜歡想像我的擔憂和焦慮從頭部、肩膀和腹部慢慢地沿著繩索滑落，並由大地承接，不再由我獨自承受。

步驟 2：邀請新的光芒

每當我們釋放或排除舊能量時，就有機會讓更具意圖和更有益的能量注入這個新的空間。在我的保護儀式第二步中，我會召喚更具支持性的能量頻率。或許你會發現，這對你而言同樣振奮人心。

試看看……

首先，想像一個光球懸浮在你頭頂上方。通常我都會將光球的顏色想像成白色或金黃色——明亮且充滿喜悅！想像這顆發亮的球體，並將你的名字置於其中，這股能量完全屬於你。請這道光將你近期可能流失的任何能量（這可能是你支持他人時所耗費的能量）帶回來。如果你對這團光有其他意圖，請表達出來，並冥想這顆光球變得更大、更明亮。接著，觀想它從你的頭頂進入，穿過全身，讓光明和純淨的意圖充滿你身體的每一處，直到光球來到你的腳底。當你充滿明亮和療癒的能量時，代表你已經成功調整並引導自身的能量來為自己服務，這樣的自我主導，就是一種負責、充滿力量的解牌準備方式。

在解讀前，你也可以加上一段祈禱文或意圖宣言，保持你的能量敞開，好維持接收能力。範例如下：

高靈／高我，懇求您支持我，
在此次的占卜中，分享真實的訊息，
提升我、支持我、
鼓勵我持續走在療癒之路。

在你的日記中，試著寫出屬於自己的開場語或靈性意圖，可以在你每次解牌時提供內在的支持。

使用你的牌卡

你的牌卡是作為直覺占卜師的實用工具，也是你最好的盟友，所以準備好迎接你的BFF（Best Friend Forever，即最好的朋友）吧！這個工具是你獨特能量的延伸，能啟動你作為靈性通道的連結。牌卡反映出你與自己、你的高我以及你內在真實聲音之間的關係。因此，你應該帶著關愛與覺察對待你的牌卡，如同對待自己的身體和心靈空間一樣。以下做法有助於強化這段夥伴關係，幫助你與牌卡之間的能量建立清晰明確與支持的連結。

選擇你的牌卡

你必須對你的牌卡有一種自然的吸引力。這不一定是一見鍾情，但牌卡的能量、風格和整體氛圍要能自然地引起你的注意力，並激起你的興趣。我建議你耐心等待，直到找到對你來說格外特別的那一副牌，而不是選擇朋友所擁有的或在網路上看到的熱門款。

一副牌用來學習，另一副牌用來療癒

雖然成為占卜師不必擁有多副塔羅牌，但你可能會想要多收集幾副。在本書中，我對牌卡的描述是參考全球最流行且最常被引用的萊德·偉特·史密斯牌組改編版。這副牌是我的「教學」工具，用來讓學生理解牌卡及其含義。我透過這個系統來學習塔羅，如果你也有興趣深入學習，我很推薦你擁有這副牌，裡頭包含豐富的塔羅細節，不過其基調和圖像有些過時，且帶有父權色彩。如果這種

風格不符合你的喜好，我完全理解並尊重。我也必須刻意保持覺察，我自己對其中的性別議題也感受到不適與抗拒，並搭配更現代化風格的牌卡，還有那些與我內在價值更有共鳴的牌卡，來找到內心的平衡。

我擁有許多經常使用且十分喜愛的牌卡，它們能更契合我的能量。當我為自己或客戶進行解讀時，我會選擇使用這些工具。

洗牌

洗牌其實沒有對錯之分。如果你（不像我）擅長花式牌技或曾當過二十一點的發牌員，那就大膽展示你的技巧吧。我並沒有任何特殊或流暢的洗牌技巧。許多像我一樣的占卜師，會用一隻手握住牌卡，然後輕輕將牌卡引導至另一隻手，讓兩邊的牌混合在一起。我從事塔羅占卜以來一直是這樣洗牌，效果就像魔法一樣靈驗。

提示 慢慢來。我個人認為洗牌的訣竅就是放慢速度，感受牌卡在手中的能量，不必倉促。釋放任何急於解讀的壓力，尤其是在你剛開始學習時。在整個過程保持耐心。

使用左手

我們身體的左側與月亮能量和陰性能量有關。許多人是右撇子，因此用左手主導可能會感覺不太自在。我也是花了很多時間練習才習慣，現在我都是用右手握牌，左手洗牌，並且用左手從牌堆中抽牌。我建議你嘗試這樣的做法，看看是否適合你。你可能會發現身體的左側感覺更加敏銳、更有感應力或直覺力。

選牌

每個人最終都會發展出屬於自己獨特的洗牌與抽牌風格，但在還沒有建立起自己的儀式之前，參考其他占卜師的模式可能會讓你比較安心一點。這邊我會介紹我常用的兩種抽牌方式。雖然洗牌和抽牌的方式沒有對錯，不過以下這兩種方式對初學者而言特別實用，它們簡單易懂，不會讓人感到壓力。

抽牌法 1 展開牌卡，感受能量

先洗牌，直到你感覺牌卡充分混合且完整。接著，將牌卡置於面前的桌子或地板上，展開成扇形。將你的手（可以嘗試用左手！）懸停在牌卡上方，緩慢地從右到左感受能量的流動。這是練習透過身體直覺來進行心靈感應的好時機。同時留意手掌的感受，例如磁力般的拉力或輕微刺痛感。這是你的超感應力在引導你選擇正確的牌。如果某張牌在視覺上特別引起你的注意，那就選擇這張；你的靈視力（心靈洞察力）會幫助你獲得清晰的答案。當你將手懸停在牌上時，能感受到或聽到何時該停下，那麼你可能擁有強大的靈聽力。

這種扇形展牌的方法，不僅能幫助你帶著意識和耐心抽牌，還能練習你的心靈能力，增強你對牌卡和直覺的敏銳度。

抽牌法 2 準備好時，從牌堆頂部抽牌

另一種選牌的方法是，先洗牌，然後當你感受到召喚時，從牌堆頂部抽出一張（或多張）牌。我通常在洗牌時會將注意力放在我的意圖或問題上（例如，「關於 XYZ 的能量是什麼？」）並在心中反覆默念，直到我感覺是時候從牌堆頂部抽牌為止。這是我最常用的洗牌方式，因為我在解讀時喜歡抽出很多張牌，而這種方法比扇形展牌的方式快得多。

飛出牌

如字面上所指，飛出牌（Fliers）是在洗牌時突然從牌堆中跳出或飛出的牌卡。它們可能會掉到地上、落在桌子上，或是方向與其他牌不同。

當飛出牌出現時，請將這些牌也納入你的解讀中，因為這些牌卡承載著你所設定的意圖。它們正試圖吸引你的注意力，渴望被看見和認可。或者，這也可能意味著靈魂正迫不及待地想要傳遞一個重要訊息給我們。飛出牌因為它的同步性與巧合，正是塔羅魔法感的一部分。我經常對飛出牌訊息的準確性和重要性感到驚訝。我對飛出牌的唯一規則是，你必須分清楚草率洗牌與真正飛出牌之間的區別。

我有注意到，在 TikTok 和其他社交媒體上，占卜師經常在洗牌時一次飛出五張牌，這（在我自己的觀感看來）有點過於刻意或戲劇化。我更傾向於等待一張真正跳出來的牌，而不是以容易導致大量飛出牌的方式進行洗牌。

說實話，真的不需要依賴飛出牌！有些占卜師會一直洗牌，直到有一張牌從牌堆中飛出來才停下。我可以理解那些相信「正確的牌會在正確時刻出現」的人，不過我認為依賴這種抽牌方式會削弱自身的力量。你的身體和直覺會知道什麼時候該切牌或從牌堆頂部抽牌。請信任你自己和內心的智慧。

澄清牌

澄清牌（Clarifying Cards）是指，當原本抽出的塔羅牌訊息無法提供足夠的背景，或訊息不夠明確時，用來補充解讀的附加牌。假設你問了一個與職業相關的具體問題，但你抽到的牌似乎無法解惑（可能牌面涉及的主題與感情或友誼較有關聯）。如果你感到困惑，可以自由地進一步詢問細節，並在第一張牌的基礎上抽第二張或第三張澄清牌來獲取更多資訊。

針對澄清牌，需要強調的一點是，它們並非是用於「大改造」，不能替代最初的能量，而是用來補充和修飾原始的訊息，好讓你更容易理解。當我的解讀需要更多的資訊時，我會重新洗牌，默默地對自己、牌卡和靈魂說：我需要另一張能夠澄清原始訊息的牌。

假如你發現自己不停抽出四、五、六張，甚至更多的澄清牌，我建議你重新解讀，重新回到自己的中心。如果焦慮的能量影響到你，重新開始時可以試著提出更明確的問題或設立更清晰的意圖，並保持更開放的思維和心靈，這或許會對你有所幫助。

保養你的牌卡

在所有形式的占卜中，乾淨的能量至關重要，塔羅牌也不例外！當你定期保養塔羅牌，並將淨化儀式融入日常習慣中，你會發現解牌的精準度有所提升，牌卡之間的連結和溝通也會更加順暢，並能帶來更深層次的療癒體驗。

你會知道何時該淨化牌卡，並充飽能量

我建議，當你感覺有點「不對勁」時，就對牌組進行淨化。不要過度思考——當你發現解讀結果不太準確，或者在完成解讀後沒有像平常那樣感到滿意或受到啟發，你就會明白是時候該為牌卡淨化了。此外，我也建議定期花些時間來淨化你的牌卡，像是……

- 當你購買一副新牌卡時（或有人贈送你一副）。
- 當你用這副牌卡為他人占卜後。
- 當你很久沒有使用這副牌卡，它一直處在休息的狀態。
- 當其他人碰過、洗過或者操作過你的牌卡。
- 當你認為自己過於頻繁使用這副牌卡，特別是進行情緒過多或困難的解讀。
- 當你攜帶牌卡外出，參加很多人的活動，然後還拿出來使用過。

你不需要使用聖木或藥草

我不再使用白色鼠尾草（White Sage）或祕魯聖木（Palo Santo）來淨化我的牌卡，儘管在我作為初學者時，曾經採取這樣的做法好幾年。當我了解到這些淨化工具的來源不合乎道德以及它們與原住民傳統的關聯後，我做出了改變的決定。我感覺自己無意中冒犯了這些做法的傳統和神聖性，因此選擇發展其他更符合我自己價值觀的淨化儀式。我發現這些替代方法更尊重他人，而且同樣有效。

淨化法 1：重新排列牌卡

我最喜歡用來淨化和重置塔羅牌的方式，就是將牌卡依照數字順序重新排列，從愚者到金幣國王。首先，我會先排列大阿爾克那的二十二張牌（愚者到世界牌），接者再整理小阿爾克那中各花色的十四張牌，從ACE（王牌）到十，然後侍者、騎士、皇后和國王。我也喜歡依元素的速度排列，從土元素／金幣（最慢）、水元素／聖杯、風元素／寶劍、然後火元素／權杖（最快）。最後，我會將大阿爾克那放置在上頭，所以牌堆的第一張牌為愚者。當七十八張牌依序排列好後，我會至少讓牌卡休息一天，直到我再次使用它們。

淨化法 2：將牌卡與接地線連結

用來連接身體的接地線，同樣也能夠連結塔羅牌，釋放牌卡的能量！將牌卡放在你面前，然後閉上眼睛，冥想那條能量線或繩索連接牌堆底部，延伸至地球中心，創造一條能夠將能量從中釋放出來的線。接著，深深地呼吸幾次，觀想任何老舊能量從牌卡中流出，隨著接地線下行，藉此來清除掉牌卡先前的能量。

淨化法 3：鹽巴淨化法

鹽巴是一種極為有效的能量淨化工具，而且幸運的是，每人家中通常都有大量的鹽巴！你可以使用一個裝有鹽的碗，任何鹽巴都可以，將牌卡放在上面，讓一些鹽滑過牌卡之間或直接放在牌卡上方。牌卡不需要完全被覆蓋或埋住，只需讓牌卡接觸到鹽即可，然後讓牌卡靜置幾個小時或過夜進行淨化。（由於鹽分可能會吸收水分，我通常只讓牌卡靜置幾個小時，避免牌卡因受潮而損壞，你也可以將牌卡用塑膠袋包裹起來保護。）最後，將使用過的鹽丟棄，以清除它所吸收的能量。

提示 鹽巴其實是一種神奇的天然淨化劑。假如你擔心弄髒你的牌卡，也可以用鹽巴淨化雙手。在操作牌卡之前或之後，可以將少量鹽巴搓揉於手掌，或在占卜後享受一次鹽浴來淨化自己。

為牌卡補充能量

為牌卡補充能量與淨化類似，但這裡的目的在於注入新的能量，增強牌卡的力量，而不僅僅除去老舊或停滯的能量而已。特別是做完淨化後進行，效果會更加顯著。就像我們在清理身體和能量場，釋放不需要的部分後，以更有支持力和活力的能量來填補這個空間。

以下有幾個方法能夠補充牌卡的能量。

方法 1：讓牌卡休息

我的首要建議是讓塔羅牌「休息一會兒」。在每次占卜之間留出一些休息時間，特別是在你感到連結或溝通不夠順暢的時候。

方法 2：讓牌卡曝曬在陽光或月光下

太陽和月亮都蘊含著美麗的能量，能為你的牌卡注入新的生命力。我個人偏愛使用陽光，主要是因為我經常用牌卡為客戶占卜和進行其他專業工作，而太陽能量能為牌卡帶來自信與活力。不過，滿月的洗禮對塔羅牌也同樣具有迷人的效果。你可以自行選擇在滿月之夜或陽光明媚的下午，將牌卡放在窗台上（如果環境允許，也可以選擇放在戶外）。不過要注意，當使用牌卡的頻率增加，牌卡的磨損會逐漸顯現。無論是因為陽光照射而褪色，還是因淨化和保護過程中出現變形，塔羅牌會隨著你的練習成長而自然老化。

方法 3：使用月光石或其他水晶

許多占卜師喜歡用水晶來為塔羅牌注入能量與活力，比如白水晶（Clear Quartz）或月光石（Selenite）。我經常將塔羅牌放在月光石柱或月光石盤上，因為這種特殊的水晶具有高頻振動，能抵擋負能量，同時為塔羅牌帶來純淨與光耀的能量。

方法 4：注入聲音和療癒的頻率

如果你有頌缽，可以在牌卡附近演奏，讓塔羅牌吸收療癒的振動和共鳴。沒有頌缽也沒關係！可以在家中或聖壇旁播放療癒音樂（通常會調至特定頻率），這同樣也有助於在占卜後為牌卡補充能量。

內在塔羅練習：建立儀式並與牌卡連結

向你的牌卡自我介紹，然後再請它也自我介紹

這是目前為止我最喜愛的迎接新牌儀式。每當我購買或收到新的塔羅牌時，我都會先介紹自己，然後再面試它，問它問題！每組牌都有其獨特的個性，而我相信這副牌卡的到來，是為了幫助我們從特定的角度看待生命中的某些階段。我擁有一些語氣剛硬、表達直接的牌組，所以當我向它們請教時，它們的回應總是直指核心。另外也有一些牌卡則是以更具創意、鼓舞人心和溫和的方式傳達訊息。這兩種風格各有其獨特之處，我都十分欣賞！

向你的牌卡自我介紹時，請先用雙手握住牌卡。靜心坐下，進行幾次深呼吸冥想，將牌卡靠近身體，讓它們接收你的能量。請默想你與牌卡連結的意圖，讓它們知道，你了解這是一段可以一起合作、進行療癒的旅程。接著，開始洗牌，然後向牌卡提出以下的「面試」問題：

- 你欣賞我以及我的療癒過程中哪個部分？

・你希望我將注意力集中在哪些方面？

・你會以什麼樣的語氣與我溝通？你將如何與我互動？

・你想優先協助我療癒生活中的哪些部分？

・你認為我的獨特天賦和優勢是什麼？

・我有哪些需要注意或改進的「弱點」？

・你的到來是為了教導我什麼？

・我該如何以最佳方式向你學習，並依靠你來進行內在療癒？

將對話過程以日記的方式記錄下來，讓你能慢慢思索其中的資訊及牌卡的回答。在日記中註明日期，這樣你可以回顧並記住這段關係的起點。隨著後續的合作，觀察這段關係會如何發展。

進行每日抽牌的日記寫作儀式

掌握塔羅牌的含義，並與牌卡建立連結可能需要一段時間！事實上，我也是花了好幾年才完全了解牌卡的主題與意義，現在的我甚至還會隨身攜帶熟悉的指南，以防腦中突然一片空白。不過，每日抽牌加上早晚的牌卡儀式，是幫助我在占卜中更有自信的關鍵。

步驟 1：抽牌

選擇自己感覺輕鬆自然的方式，每天為自己抽一張牌吧！先讓自己穩定心神，洗牌，然後使用本章節的建議和方法，抽一張牌。你可以隨機抽，相信自己的課題或主題會自然地浮現，或者也可以向牌卡詢問具體的問題。

步驟 2：交給直覺回答

在日記中寫下你對這張牌的第一直覺反應。當你看到它時，是否有某種情緒湧上心頭？你有沒有感到抗拒，或者覺得鬆了一口氣？你認為這張牌象徵什麼？勇敢地猜測它的含義（或許你會對自己的想法感到意外）。

步驟 3：了解牌卡的含義

參考本書 Part 2 或其他資料，了解你所抽牌卡的含義和描述。

步驟 4：賦予它意義

將牌的含義和你的直覺反應結合起來（即使有時兩者會有所差異）。在完成早晨或晚間的日常活動後，把它寫在日記裡，反覆思索，或者冥想這張牌可能想傳達的訊息。

塔羅的「該做」和「不該做」

我其實不太想將任何練習或做法貼上「該做」或「不該做」的標籤，畢竟生活中已經充滿了太多規則、期望和限制。你的塔羅體驗應該由你自己去探索，而不是由我來規範或強加絕對的指導。不過，我在塔羅占卜中走過不少彎路，所以現在所分享的這些建議，是希望能幫助你從一開始就與牌卡建立更深厚的連結。我知道哪些儀式對我來說感覺很怪異，哪些做法會讓我感到疲憊或過度刺激，而非感受到支持。如今，身為一名占卜師，我終於找到對我而言既能持續、又真實契合的方式。

1. 永遠記得你擁有自由意志

塔羅牌能夠解讀當下的能量，但並不能精確地告訴我們必然或將要發生的事情；相反地，它提供一些背景知識、資訊和視角，讓我們像清醒的駕駛者一樣，掌握方向盤，行使我們的自由意志與主導權，積極掌握自己的前進方向。牌卡能協助我們識別哪些路徑或選擇會更順利，同時也能揭示可能遇到的阻力，使我們更順利地追求理想的結果。

2. 設下界線，以防過度執著

塔羅占卜的過程十分迷人、充滿吸引力、令人興奮……直到它變得近乎執迷，甚至可能從支持的工具變成情緒依賴的浮木。如果你是「恐慌式抽牌」，或一旦開始焦慮就立即轉向塔羅牌，那可能是時候暫停一下了。當情緒過度激動、腦袋渴望藉由塔羅牌獲取多巴胺的滿足時，牌卡就會從一個支持工具變成依賴的拐杖。不要害怕在自己與牌卡之間設置界線。當你察覺到自己對塔羅牌的依賴性變得不健康時，先試著減少占卜的頻率。

3. 你很棒，別想太多

最傷害直覺的選擇，就是質疑自己當下的感受和反應。可以對任何可能性保持好奇心，但儘量不要懷疑自己的能力。「想知道自己還會發現什麼」跟「自己不可能真正理解牌卡傳達的訊息」，這兩者之間有明顯的差異。

塔羅牌沒有對錯之分。就是這樣。沒有所謂正確的方式來練習，即便人們往往會認為我們的意圖和行為非黑即白，也請放下這種本能反應。當你是帶著意識來到牌卡面前，並與自己和指導靈建立連結時，你的一切做法都會是正確的。

4. 別太戲劇化、別強迫自己

你的塔羅占卜是屬於你自己的，不需要在意其他占卜師的做法。如果你發現其他占卜師以不同的方式抽牌或解讀，不需要因此懷疑自己。從事直覺相關工作可能會引發冒牌者症候群和自我懷疑，但你只需記住，選擇讓自己最自在的方法就好。強迫自己使用某種僵固的占卜手法，無法帶來真正的心靈滿足。這感覺就像是新時代版本的討好群體，披著靈性的外衣迎合主流。

Chapter 5

支持：塔羅牌陣

一旦你與牌卡建立連結，必定會更頻繁地進行抽牌。此時，你的好奇心可能會被點燃。上一章提到的儀式能夠幫助你熟悉抽牌方式，讓你能持續地練習下去，本章則將深入探討如何解牌，以及在抽牌中發揮創意的多種方式。這些牌陣能幫助你與牌卡保持互動，並成為強大的靈性對話開端。

為什麼幫自己占卜這麼難？

為自己解牌確實非常困難，這是無法否認的，就像你的治療師不應該在診所外與你有所私交一樣。為自己占卜時，你應該盡量避免受到個人偏見或情感投射的影響（畢竟，沒有人比你更了解自己）。

為自己解牌是練習中最具挑戰性且最寶貴的部分。根據我的觀察，這種不適感似乎非常普遍。許多占卜師，包括我在內，在為他人解讀時往往能夠非常準確。作為第三方，我們可以客觀地看待牌卡及其訊息，從中立的角度觀察，並保留詮釋的空間。然而，當我們為自己提出相同的問題，情況會變得微妙且更不明確，我們對某種特定訊息的期望，可能會干擾整體解讀。

為自己解牌是不可能的嗎？當然不是。當你以穩定紮實的方式進行自我引導的解讀時，坦誠的內在對話可以帶來極為強大且療癒的效果。正如所有與靈性連結和直覺能力相關的事物一樣，只是需要透過練習來提升。

設定合適的問題向牌卡詢問並不容易

克服自我占卜挑戰的其中一種方式是：提出適當的問題，並為成功做好準備。通常，我們會滿懷期待地拿起塔羅牌，看看自己的直覺能揭示什麼。我們期待得到一個頓悟或心靈上的突破，指引我們下一步的行動或未來的方向。接著，我們被卡住了，我們意識到，必須先向牌卡提出具體的問題；而在尋找問題的過程中，我們開始反問自己：我真正需要的是什麼？

當問題具體且清晰時，塔羅牌的解讀效果會更好。問題的品質往往決定是否能夠順利解讀。要向牌卡提問得當，關鍵是找到一種平衡：一方面相信自己的直覺與判斷，另一方面也願意放手，信任塔羅傳達的訊息。占卜師應該既能夠確信自己內在的智慧，也能臣服於神祕力量之下。這種在掌控與放手之間的細微平衡，能夠達成深刻且富有收穫的解讀，不會讓人感到困惑或挫敗。

經過多年在自我占卜中所經歷的失誤，我逐漸明白哪些問題能讓我感到平靜和專注，哪些問題則讓我感到不安。我發現最有效的往往是開放式問題。畢竟，塔羅牌不是「神奇八號球[15]」（我知道，這太遺憾了）。當然，塔羅牌能講述完整的生命循環週期，但它並不像使用說明書一樣為你的人生道路提供具體明確的指引。因此，你有責任為自己和牌卡減輕壓力，放棄追求完美，這樣它們才能提供有益的解讀結果，並對不同的詮釋保留開放空間。過於武斷地解讀常會讓人感覺像在接受批判，彷彿是來自靈魂的責備。事實上，塔羅牌的真正目的是傳遞深刻的學習機會，幫助你做出最佳判斷，並尊重你的自由意志。

以下我列出一些會削弱你力量和自信心的問題範例，同時附上更具療癒性的替代方案：

與其問	不如問
「我會好起來嗎？」	「我該如何持續支持我的療癒之路？」

與其問	不如問
「我的靈魂伴侶在哪？我遇見他了嗎？」	「當我準備迎接神聖的伴侶關係時，我那脆弱的心正試圖傳遞給我什麼訊息？」

15 編按：神奇八號球（Magic 8 Ball），一種占卜玩具，外型與撞球的黑色八號球一樣。

與其問	不如問
「我的職業生涯為何還沒有起色？」	「我能夠優先採取哪些行動或轉變哪些心態，來幫助我更接近目標？」

每日一抽的提問

在上一章中，我提供了每日的牌卡練習和技巧，目的是要幫助你培養愉快的塔羅日常習慣。以下是一些你可以在早晚日常例行練習中向牌卡提出的問題範例：

- 我今天該如何鼓勵我自己？
- 我今天該注意什麼樣的能量？
- 今天，我該提醒自己注意什麼課題？
- 今天會出現什麼禮物？
- 今天會在哪裡找到「熱忱／連結／真相／協助／清晰等」？

當你開始頻繁地使用牌卡，尤其是透過日常練習時，你與牌卡的互動有時可能會感覺過於單調。當這種情況發生時，試著保持學習者的心態。當我還是新手占卜師時，如果某張牌的主題無法給予我特別的啟發（或者我暫時無法與它產生連結），我會在 Google 上快速搜索一個之前沒注意到的新符號或我之前忽略的細節，或者根據牌卡的能量寫下一些肯定句，讓我可以在早晨中隨身攜帶這些能量出發。

> **提示** 請記住，能量不會在一夜之間顯著提升，因此請將日常儀式視為一種檢視自身狀態的方式，幫助你了解當天的感受或狀態，而不是期待立即的轉變或滿足感。

什麼是塔羅牌陣？

塔羅牌陣是我們進行占卜時的地圖，就像形而上學裡的GPS裝置一樣，指引我們走向目標並獲得可能的清晰見解。塔羅牌陣告訴你，抽牌後牌卡應該實際的擺放位置及排列方式。每個位置代表特定的主題、問題或提示。在本章中，我會提供不同的牌陣，讓你進一步探索與研究。

塔羅牌陣對新手來說非常適合，因為它們提供了一個解讀框架，讓你能多專注在少數幾張牌上，不會一下子就被自由的解牌方式感到混亂。

儘管我現在為客戶占卜時不會使用牌陣，但在我的個人練習中仍然經常使用，因為它們能幫助我聚焦，不致因偏頗或疏忽而出錯，也避免我逃避面對那些不那麼喜歡看到的牌。

使用牌陣好，還是以直覺抽牌好呢？

這兩種方法都很有力量！如果你是靠直覺抽牌並提出後續相關問題，其實你也是在構建一個你自己的塔羅牌陣。基本上，你是讓第一張牌引發後續第二個問題，並在你與塔羅牌間建立一段對話。

塔羅牌的魅力在於，整個體驗不需要是僵化或固定的。這是一種陰性能量的練習，透過靈活和輕鬆的流動方式來支持自己。有時，你可能會選擇與你深深共鳴的牌陣，隔天又憑直覺自由抽幾張牌，完全不受限制。我建議你都試試看，並耐心地找到自己偏好的方法和風格。我一開始占卜的抽牌方式與現在截然不同，允許自己改變與成長是完全沒問題的！

創造屬於你自己的牌陣

社群媒體和相關書籍中都有許多關於塔羅牌陣的資源。Pinterest其實是我最喜歡用來搜尋主題牌陣的工具之一。事實上，我也喜歡創造自己的牌陣！設計屬於自己的牌陣會讓人感覺更親密，就像為自己調製一份專屬的配方，完全符合個人需求與品味。如果你想嘗試創造自己的塔羅牌陣，我建議你像拼圖一樣將問題與結構拼湊起來，並依照以下三個部分來進行全面且實用的自我引導解讀。

在開始之前，請你花點時間認真思考一下，你希望透過占卜更深入理解什麼？在占卜後，你更想知道什麼或有什麼樣的感受？當你沒有明確設定意圖時，訊息往往會變得混亂不清。我建議你把問題寫在日記本的頁首，以便在洗牌前提醒自己要專注於這個意圖。這個簡單的步驟能夠穩固解牌能力，定下正確的基調。

第一部分：根據你的內在經歷提出第一個問題，讓焦點完全集中在自己身上！你可以詢問自己現在的感受、當前情況對你的影響，或者是你覺得自己被召喚改變、轉變或療癒的部分。

第二部分：接著，提出一些有關於你外在經歷的問題，詢問哪些人事物或環境正在影響你的能量，這是個不錯的開始。牌陣的第二部分能夠協助你以更客觀的視角審視自身的內在感受，使你更清晰地了解外在因素如何影響你的情緒和反應。

第三部分：這是整個占卜的核心，是讓我們覺察自身潛能，並思考結束占卜後如何繼續支持自己參與這個世界的關鍵階段。這一環節的牌陣可以探索前面訊息中的「為什麼」與「如何」。我建議占卜師在這裡要再設定幾個問題，抽出幾張牌，聚焦於：目前可以帶來什麼樣的轉變或療癒？哪些能量可能正在轉化？以及要如何實際運用牌卡給出的洞見與智慧。

內在塔羅牌陣

牌陣 1 兩張牌牌陣

牌 1

- 目前的問題
- 想法
- 什麼是豐盛的？

牌 2

- 潛在的解決方案
- 相應的行動
- 什麼是缺乏的？

牌陣 2 三張牌牌陣

牌 1	牌 2	牌 3
・過往的影響	・現在的影響	・未來的影響
・什麼該停止	・什麼該開始	・什麼該繼續
・你的經驗	・他人的經驗	・雙方之間的能量
・機會	・潛在的挑戰	・理想的結果
・你當下的能量	・可探索的路徑	・該路徑可能帶來的發展

牌陣 3 新月牌陣

牌 1：上個月亮週期所學到的課題，將支持你邁入下個階段

牌 2：此新月週期，為你打開或帶來的能量

牌 3：你可以如何準備好迎接這個能量

牌陣 4 滿月牌陣

牌 1：在上個月亮週期中所接收到的靈感

牌 2：在即將結束的月亮週期中，正在離開或被釋放的能量

牌 3：你可以如何準備好釋放這個能量

牌陣 5 為自己歡呼牌陣

牌 1：你的勝利

牌 2：獲勝的原因

牌 3：你努力後所應得的回報

牌 4：可以如何犒賞自己

牌陣 6 強化自我覺察牌陣

牌 1：你在療癒過程中選擇忽視的部分

牌 2：你為自己找藉口的地方

牌 3：讓你遠離真實自我的行為或外在影響

牌 4：你可以如何用更多的溫柔支持自己

牌陣 7 創意表達牌陣

牌 1：你現在的能量渴望創造什麼

牌 2：你的創造力在哪些方面表現得最佳

牌 3：你的真實自我希望通過創造力與世界分享什麼

牌 4：幫助發掘自己創造力的線索或提示

牌 5：尚未被發現或未引起注意的創意和表達空間

牌陣 8 直覺力牌陣

牌 1：你今天的直覺連結狀態

牌 2：當下可協助你直覺發展的能量

牌 3：在與直覺和指導靈連結時，可以嘗試的新方法

牌 4：來自靈性的訊息

牌 5：當你把注意力放在外在生活，而非專注於內在連結時，你所體驗到的感受或能量

牌陣 9 神聖之愛牌陣

牌 1：你渴望給予的愛

牌 2：你期盼接收的愛

牌 3：關愛自己的能量

牌 4：你關愛他人的能量

牌 5：這段關係／或你內心中蘊藏的療癒力

牌 6：如何在這段情感關係中溝通自己的需求和療癒方式

牌陣 10 新年／新篇章牌陣

牌 1：去年／上一個篇章的挑戰

牌 2：去年／上一個篇章帶來的禮物或課題

牌 3：在上一個年度／篇章中對自己的認識或改變了什麼

牌 4：為新的一年／新篇章所設定的意圖

牌 5：新的一年／新篇章需要特別留意的能量

提示 你可以為即將到來的季節、階段或整個年度，每個月抽一張牌。從當下的月份開始，以「未來一年」為範圍來解讀能量的變化。可依需求調整成幾個月都可以，我通常會選擇三個月、六個月或整整一年。

Chapter 6

陰影：塔羅的逆位解讀

所有七十八張塔羅牌及其原型都具備強大而深刻的力量。然而，就如同萬物一樣，它們也具有在光明與陰影之間擺盪的兩極性。我們可以將這些特徵視為缺點或不足，但與我們一樣，塔羅牌也有其不完美之處。當一張牌以倒置的方式盯著我們時，我們被迫轉換視角，用全新的眼光看待牌卡。一張逆位牌可能代表其主題呈現出更黑暗、強烈或複雜的能量。透過學習用直覺的方式解讀逆位，我們不僅能為占卜結果增添更多變化和深度，也能更加坦然、誠實地面對人類經歷中的複雜與艱辛。

什麼是逆位牌？

簡單來說，逆位（或倒置的牌）指的是在解讀中與其他牌呈現相反方向的牌。大多數情況下，牌卡都是正面朝上，而逆位牌是上下顛倒的。塔羅牌社群經常以神祕或帶著擔憂的態度討論這些牌，當我開始教授塔羅牌基礎時，總是會收到關於逆位的問題。

當學生發現逆位牌是隨附牌卡手冊中的一部分時，往往會覺得自己被騙了。現在，他們需要學習並熟記每張牌的兩種不同含義，而不再僅僅是單一的解釋！我完全可以理解大家對於解讀逆位牌所感到的不知所措和抗拒。撇除第二層含義，塔羅牌本身就已經蘊含著豐富的細節。

雖然占卜師們起初可能會感到畏懼，但他們很快會發現逆位牌能帶來更準確且直觀的訊息。關鍵在於找到你自己覺得自在的解讀方式，明確哪些時候、哪些情境下你想要解讀逆位牌，並以更靈活、直觀的方式解讀塔羅。

逆位牌的出現能量通常較低、低沉，或者當下難以辨識和定義。這些陰影迫使我們停下來重新思考（因為我們對牌的理解會瞬間變得模糊），接著去面對這些不明朗，進一步展開直覺上的探究。

當我們抽出大量逆位牌時，這可能表明我們是出於恐懼而非信任的心態來尋求塔羅的指引，往往也意味著，我們正處在一種對自己（不論在生活中還是在解讀中）普遍感到懷疑的狀態。

為什麼占卜中會出現逆位牌？

很簡單！就像我們的衣服可能會穿反，襪子可能被丟進內衣抽屜一樣：因為我們有時候會處於混亂的狀態，忽略了細節。最合理的解釋是，在洗牌或結束上一次占卜時，牌卡顛倒放置，讓順序都亂了。

然而，有些占卜師在每次解讀後都會仔細整理和收好牌卡，避免任何牌反轉，但偶爾仍會出現牌卡錯亂的情況，這正好就是塔羅牌的神奇之處。

這些逆位所帶來的能量，正好體現出塔羅牌是一種「有生命性」的工具，它承載著我們個人且神聖的能量。因此，它們和我們一樣，擁有缺陷、怪癖和不完美，這都不是巧合。

我一定要解讀逆位牌嗎？

除了「什麼是逆位牌？」這個問題外，另一個我經常被問到的問題就是：是否需要解讀逆位牌？新手占卜師對此都充滿好奇，這很正常，因為逆位牌確實讓人困惑。在進一步解釋之前，我先給你一個簡單的答案：不需要，你不必非得解讀它們。（是不是鬆了一口氣呢？）

你不必解讀逆位牌的原因是，在塔羅牌或療癒過程中，你完全不必強迫自己做任何與你內心不一致的事情。塔羅占卜不該讓人感到壓力或像在表演。假如解讀逆位牌讓你感到畏懼，我建議你先熟悉正位牌的含義，這樣當你進入逆位牌時，可以更容易理解及辨別牌卡的陰影面。當你對牌卡的特性或「正面」特質有初步了解後，就能更輕鬆地認識其「負面」特質和潛在的警告信號。然而，這並非是要你把正位含義背得滾瓜爛熟，而是至少不會對它們感到陌生。

假如因為某些原因使你不想解讀逆位牌，我會建議你在洗牌之前，先清楚地向自己（還有指導靈與你的塔羅牌）表達這個選擇。你可以在心中默念或大聲說：「無論它們在牌陣中是正位或逆位，所有牌將會以正位的含義來解讀」。

即使到今天，我自己在解讀塔羅牌時也會做這樣的區隔，特別是我有意識到無法與牌卡建立連結，或者我對於當下的主題感到十分焦慮時。當我覺得自己沒辦法解讀「混亂的訊息」，而且也希望能夠讓解讀變得更簡單一些，好讓我能夠真正融合整個訊息時（這真的不是找藉口），我會向牌卡釐清自己不打算解讀逆位牌，並請求所有牌的含義都以正位呈現。在練習的時候勇敢表達自己的需求，而最動人的地方，是你能親眼見證牌卡如何回應你，並尊重你的界線。

為什麼逆位牌這麼難解讀？

逆位牌時常讓人感到受挫，因為它們象徵著阻礙、停滯或較弱的能量，使得它們想傳達的訊息變得不清不楚。事實上，這些牌凸顯了我們未能察覺的事物，難怪我們會這麼迷茫！逆位牌讓我們猶豫不決，因為我們能夠直覺地感受到陰影能量中的不協調，但對於問題的根源，我們往往說不出個所以然，直到我們願意進一步解讀，並深入內在的覺察。

在本書中，你不會找到精確固定的逆位牌定義，因為經過多年的操作，我與逆位牌的關係已經有所不同了。我學會用更直觀的方式來理解逆位，不再受規則束縛。不過因為逆位牌之間有一些共通的主題，我也因此發展出幾種新的理解途徑，並將這些方法整理在此。

如何用直覺解讀逆位牌？

逆位解讀法 1 完全相反的意思

傳統對逆位牌的解讀往往採取與正位完全相反的意思，但我並不偏好這個方法。如果你抽到一張與你當前情況完全不符的牌（例如在剛經歷分手的時候抽到戀人牌），也許就可以考慮用這種方式來解讀。在多年的占卜經驗中，如果一張牌確實需要以逆位來解讀，那種感覺會非常明確，你會如同當頭棒喝，很直覺性地感受到，就像磚塊砸向你，你知道這裡的訊息需要一百八十度的轉變。不過，這種情況其實並不常見。所以，我有兩個理由告訴你為何我不推薦使用這個方式。

首先，它會要求你必須熟悉整副牌及其所有牌義，才能對每張牌套用相反的解釋。對我而言，這十分困難，感覺就像是一個僵化的記憶練習，而不是自然地整合牌面上的元素。

第二個原因是，在占卜中可能也會有其他牌提供與逆位牌相似的訊息，不過是以正位的方式出現。例如，金幣十逆位可以解讀為膚淺、匱乏和缺乏穩定性，類似於金幣五的含義。雖然這種解讀逆位牌的方式在塔羅中相當普遍，但我認為牌組本身內容豐富多樣化，且系統涵蓋了很多主題。如果一張牌可以完整表達它的含義與訊息，那它直接出現就夠了，為什麼還需要逆位牌呢？

因此，如果你是新手，這也許是個適合初學者入門逆位解讀的方式。不過，我還是建議你參考下方的其他範例，探索更多細膩且深入的資訊。

逆位解讀法 2 靈性及情感上的阻塞

逆位牌有時象徵能量受阻或心靈上的疑惑。當我們的限制性信念或羞恥感凌駕於內在的真實本質時，便會產生一些不必要的質疑。在這種情況下，逆位牌可能是反映出我們在某些事情上感到不確定、不值得，或者情感上尚未準備好的部分。我們的抗拒真實存在，也會干擾我們與宇宙的能量連結，削弱我們的療癒過程。以聖杯九為例，正位時，這張牌象徵深刻的感恩、喜悅與當下的存在感。但如果一個人覺得自己不值得擁有這些感受，或對這種幸福狀態感到陌生，他們可能會排斥這種感覺，或者限制自己接受它的能力。潛意識中（或有意識地），我們可能相信這些恩賜永遠不會出現在自己的現實層面上。在這種情況下，逆位牌便在提醒我們如果有意識地去處理這些感受，就能夠帶來療癒並化解這些阻礙。這時，我們可以挑戰該牌的逆位含義，找出真正阻礙我們的根源，並透過有覺察的努力、實踐和自我反思，來化解並釋放那些阻滯的經驗。我們可以將逆位的訊息視為一種催化劑，促使我們主動踏上自我療癒之路。

逆位解讀法 3 物理性延遲

我最喜愛的（說笑的）設想是牌卡暗示你「這將會到來！我保證！只不過……時機還沒到」或「你已經很接近了，但在到達之前，你還有一些未完成的課題或彎路。」如果逆位能量象徵的是時間線中的物理性延遲或停滯，即便不是最理想的狀態，這也是一個很好的機會，讓你明白一切都是最好的安排，而你也是在宇宙的保護下。如果顯化還有點拖泥帶水，不妨試著放鬆對結果的執著，讓能量更自然地流動，或將注意力轉移到其他事情上，給自己一些喘息的空間。

逆位解讀法 4 內在體驗，而非外在經歷

這多數與小阿爾克那有關，逆位能量正引導你向內探索。小阿爾克那象徵我們的身體經歷和外在事物，例如人際關係、環境等。但如果這張牌是逆位的，它是否正讓你脫離這些外在經歷，並引導你回歸內心？例如，聖杯二逆位的解讀可能比較負面，像是關係出現錯位或失衡，但你也可以把它當成一個指引，希望你走向更真誠自愛的狀態，要求你成為自己的伴侶，給予自己更多的愛，讓自己回到自我整合，而非在他人身上尋求答案。正位的寶劍五代表衝突和惡意，但如果沒有人與你真正對立，那麼逆位是否反而指向某種自我破壞的習慣，或是你對自己內心的不信任呢？

逆位解讀法 5 能量不和諧／不健康的形式

這種情況在宮廷牌逆位時非常常見，它們通常突顯出性格中自私、不健康或不真實的面向。當我們過度依賴或強調自己的某些天賦或優勢，逆位牌可能是在提醒我們，展現或炫耀個人力量時，需要更加柔和或「低調」一些。大阿爾克那中也存在許多類似的例子。當皇帝逆位時，它可能象徵控制欲，甚至是有害的陽剛特質。戀人逆位可能暗示強烈的依附關係。教皇逆位則可能呈現出一種不健康的靈性狀態，也許是一種感到受限而非得到支持的宗教信仰。

逆位解讀法 6 能量過剩或依賴能量來定義自己

另一種可能是，這副牌揭示了你在生活中過於強調或投入過多注意力的領域。這可能意味著你開始用這些領域來定義自己或限制你的潛力、表達方式或生活經驗。比方說聖杯十逆位，可能反映出一個人過度專注於家庭、子女和日常家庭生活，甚至以此來界定自我，從而失去其他生活領域的平衡。這種依賴性或許會如陰影般顯現，顯露出尚需療癒的領域。

逆位解讀法 7 能量迴避

相反地，我認為逆位牌出現是因為我們不願面對或抗拒審視自己內心某種感受或議題。有時，在為客戶解牌時，我會察覺逆位牌暗示他們正在迴避或壓抑某些情感或真實的自我表達。這可能是他們不願公開或表達的部分人格或情感，但身為塔羅占卜者，我會帶著謹慎和同理心完成我們的解讀。聖杯五是一個很好的例子，這張牌象徵著悲傷、哀痛和失落——事實上，我們許多人都試圖迴避這些情緒。逆位時，這可能表示他們在情感上封閉自己，把脆弱的一面隔絕在外，不願全然地感受這些情緒。

逆位解讀法 8 過往能量影響到當下

假如你抽到了像是具有破壞能量的高塔牌或象徵痛苦的寶劍三，而幸運的是，這些主題並非是你當下所面臨的狀態。那麼在這種情況下，逆位牌有時可能指向過往的記憶或經歷，一些不再主宰你當下生活的故事情節，但仍然影響著你的感受和觀點。那些痛苦的回憶或舊傷能夠增強你的韌性，當你面對新挑戰時，也能將過去的經驗作為有利的參考。若你抽到一張與「過去」相關，且對當前影響不大的逆位牌時，不妨思考這些過去的主題如何影響和引導你目前的療癒。

逆位解讀法 9 萬用牌／你未曾納入考量的選項

萬用牌（Wildcard）的解讀和出現總是充滿樂趣。儘管本書主要是用來指導個人的塔羅牌練習，但當你與塔羅牌建立連結後，幾乎不可避免地會開始為親密的朋友或家人進行占卜。如果你為某個人占卜時抽到逆位牌，可能會幫助他們發現一條從未想過的道路。用「你想過……嗎？」這樣的提問，引導他們反思並展開對話，讓他們注意到那些過去沒發現到的選擇。

練習：將逆位牌納入個人練習中

首先，在洗牌的過程中，向塔羅牌和你的指導靈設下明確的意圖，告知你正利用此次占卜探索那些未能看見或讓人感到不安的能量。完成你習慣的儀式流程，依你所選擇的方式洗牌並準備牌卡。

接下來，以逆位的方式來解讀以下四張牌。刻意將它們視為「逆位」來練習，並逐漸熟悉它們所代表的陰暗面。使用以下的塔羅牌陣，並對每個提問進行反思：

- 牌卡1：究竟有什麼阻礙著我目前的療癒呢？是否有我未能察覺的思維、行為或觀點呢？
- 牌卡2：目前的生活中，有什麼我沒注意到的能量？有什麼我尚未發現的可用資源或支持呢？
- 牌卡3：是否有我之前未曾考慮過的機會或未充分發揮的靈感？
- 牌卡4：我需要注意哪個「陰暗面」？有哪些特質、盲點或性格面向值得我多加關注？

Part 2

塔羅的牌義

Chapter 7

金幣牌組：我的身體

金幣牌組對應土元素，提醒我們要活在身體之中。

我們的靈魂居住在人體這個載體中——也就是身體——這具身體承載著我們所有的情感體驗，每一個行為模式與每一個選擇。事實上，它是我們靈性旅程的實體記憶庫。

金幣（Pentacles）或錢幣（Coins）牌組對應物質層面，與我們的身體健康、家庭、財富、金錢、安全和保障息息相關。每當我講解到這個牌組時，我習慣用同一句話來展開這趟與元素連結的旅程：「凡是你看得到、聞得到、摸得到、握得住的，就會在金幣牌組中展現出來。」這是所有塔羅占卜者在面對金幣牌組時可以參考的法則。金幣牌組具有可量化的特質，正如我們的身體一樣。身體會告訴我們，什麼能帶來安全感與穩定感。

作為一名靈媒和直覺工作者，有些人可能會驚訝於我如此注重身體，並經常強調接地以及保護我們生理載體的重要性。我這麼做的第一個原因是，我深刻明白自己身體的非凡之處，並對身體如何接收和儲存直覺訊息充滿敬畏。我們的身體感官和心靈感官一樣，會與我們溝通，因為兩者皆具有高度敏銳性，這意味著有時身體比我們的意識知道得更多，就像心靈感官如何處理（和儲存）最細微的訊息一樣。第二個原因是，身體記載著我們的故事。我的一些客戶經歷了生產或從流產中恢復，有些戰勝了絕症，還有一些與成癮問題搏鬥，而許多人也像我一樣，克服了對自己有害的飲食失調。無論我們的故事和經歷是否相似，我們的共同點是：我們都擁有一個身體，陪伴我們走過地球上的生命旅程。

幾年前，我會在臥室鋪上我從 Target 百貨買來的瑜伽墊。那是一種又薄又便宜（而且通常很滑）的墊子，如果折疊或捲起來太久，還會出現皺痕。我每晚會看著初學者的 YouTube 影片，進行不同姿勢和序位的瑜伽體式練習。我大聲播放音樂，隨著練習增加，我注意到我的呼吸為練習增添了節奏感。我的動作通常很笨拙，也不夠整齊，但我的努力是真誠的。當時，瑜伽課程費用超出我的負擔，但我總是期待利用這段時間來放鬆，並讓身體做出以前從未嘗試過的形狀。我會穿著內衣在鏡子前練習，看著自己，對自己能達成動作驚呼連連。有時候，在 YouTube 課程結束後，我會繼續讓呼吸與動作同步，就在那張廉價的瑜伽墊上，安全地探索自己的身體。

那時，我從飲食失調康復已經有四年的時間了。我十九歲時曾參加過數月的密集門診治療，簡稱IOP（如果你對這種治療不太熟悉的話，它有點像是戒癮中心）。在那段治療期間，我第一次談到自己遭受的性虐待，而我的治療師建議我接受更高級別的照護和針對創傷後壓力症候群（PTSD）的治療。對此，我斬釘截鐵地拒絕了。我反抗著告訴那時一向支持我（卻無助）的父母，我已經不打算再進行這麼艱辛的治療了，於是我自行退出了這個治療計畫，並自認已經完全痊癒。

劇透警告：我絕對還沒好。

二十三歲時，我又再次進行IOP，雖然不情願，但我已經準備好了。這次，我並非針對飲食失調，而是針對依然深埋在骨骼和細胞中的創傷。每天從長時間的團體和個人治療課程回到家時，我都會在腋下夾著一個寫滿筆記和塗鴉的資料夾。我記得在那段時間裡，我感覺自己非常失敗。年紀輕輕的我，卻深陷焦慮無法自拔，雖然外表漂亮，卻完全無法認同自己。我很幸運能夠獲得專業支持（但我又為自己有這些需求而充滿苦澀），因為我不得不需要這樣的幫助。然而，每天晚上，無論出於什麼原因，我都會鋪開瑜伽墊，讓內心的批判聲開始安靜下來。我開始享受自己，沉浸在身體感知的流動中。

當我不再透過飲食失調或讓自己挨餓來懲罰自己，我的身心都在逐漸好轉中。然而，我仍感到不安，似乎徘徊在自由與「康復」之間，卻又不完全是。我渴望徹底與身體重新連結，而直覺告訴我，瑜伽可能是幫助我找回自己的途徑。

那次彷彿感覺回家的情景依然歷歷在目。我站在鏡子前做高弓箭式，左腿向前邁了一步，雙臂高舉，當下感受到內心有某些東西在轉變。我深深地呼出一口氣，隨後開始啜泣。我感受到充滿生命力的根從我的雙腿中延伸出來，身體的力量開始主導全局，將我穩穩地固定在一個一直以來都屬於我的地方——我的身體，我的家。我先前從未帶著學習愛自己的意圖練習，也從來沒有為了繼續成長而挑戰自己的身體。我過去總是習慣縮小自己的存在，將自己隱藏起來。而這是我第一次這麼久以來（真的是這輩子第一次的感覺）體會到身體的沉靜。今天，我終於明白為什麼當時我的身體會本能地做出這樣的反應，眼淚潸然而下：因為它終於感受到足夠的安全感，能夠安心地釋放積壓已久的痛苦。我從未料到一個瑜伽姿勢竟像密碼一樣，打開了許多新的大門，而那把鑰匙終於讓我打開自己，迎接一直以來都為我存在的豐盛和完整性。

我為當時所探索到的體驗深深著迷，於是我的瑜伽練習從那時開始便延續下去，最終我也來到當地的一家八肢瑜伽（Ashtanga Yoga）工作室做了一段時間的工讀換課。後來，我還參加了瑜伽教師培訓課程，創立了自己的直覺運動課程，分享給大家。直到今天，我依然將身體感知運動結合在我的療癒課程和團體工作坊中。我對身心靈的連結深信不疑。當我們與自己的身體越親密，我們就越能夠導入和接收靈魂的直覺訊息。

當我開始占卜時，我抱持著與體位法練習類似的心態與承諾。解牌也是一種身體上的儀式。當你洗牌並翻動牌卡時，牌卡會在你手中輕盈地飄舞，展現出自然的流動。你越專注、越平靜，它們的訊息就越能深刻地打動你。

我給所有塔羅占卜師的建議是：持續專注於你的牌組，並保持真誠的努力與意圖。金幣牌組與辛勤耕耘密不可分，你會在這些牌中感受到各種貼近日常生活的經歷與循環。塔羅牌與瑜伽練習相似，透過不斷地練習，它就能發揮最大的作用，甚至培養出「肌肉記憶」。

就像初學者初期學習瑜伽姿勢時一樣，剛開始抽牌也可能感到有些不自在。允許自己用一點時間去適應並融入這個過程，直到有一天，就像我那強健而穩固的高弓箭式一樣，當你低頭看著自己抽出的牌，一股深長的吐氣會自內而發流經全身，而你的身體會給你一種明確無誤的訊號：「對，就是這樣。」你會驚訝於自己的成長，並讚嘆直覺引領你達成的成就。對自己的直覺給予全然的信任，這是你一次次回到牌桌前、重複那些支持你內在療癒與成長的儀式、習慣與實踐所累積的成果。一旦你的身體感到安全，你將被引導進入更高層次的靈性體驗和直覺能力。

假如你和我一樣，你可能也會愛上自己身體的能力，並欣賞直覺如何透過肢體的動作與提示來與你溝通。一旦你的身體感到穩定，並習慣體驗或接收直覺訊息後，你將會被帶進一個全新的靈性連結領域，讓天賦逐漸綻放。

別急著往前衝，不妨先放慢腳步，請花點時間像土元素和金幣牌組所象徵的豐饒一樣，緩慢且穩健地前進。

｜**有關金幣牌組**｜

元素：土

脈輪：海底輪

時間與速度：一季（三個月）至數年

星座：金牛座、處女座、摩羯座

季節：冬季

〔金幣牌組是……〕

穩定、豐盛、資源豐富、忠誠、熟悉、傳統、身體力行、物質世界相關

為自己占卜時

引導你的努力方向。利用金幣牌組來指導你進行各種投資，包含財務上的投資，當然也可能涉及你的時間、注意力和技能的投入。這個牌組可以告訴你哪些方面進展順利，哪些方面不如預期，還有你是否付出了足夠的努力來達成想要的結果。這些牌就像是你的經理或老闆為你做的績效評估，只不過它們蘊含更多的魔法。記得用行動來回應它們！當你抽到這些牌時，可以考慮透過一些身體儀式來迎接和運用金幣的能量。讓牌卡的啟示引導你提升效率，同時提醒你該動起來了、邁開步伐、動手去實現目標，然後你將看到

回報會源源不斷地到來。

為他人占卜時

塔羅牌的傳統比我們這些「新手小女巫」在Instagram限時動態中分享塔羅的歷史還更悠久。我鼓勵你在直觀解讀牌卡和遵循塔羅牌的傳統含義之間找到平衡，這種結合一向對我十分有幫助。透過這種方式，我相信你也可以展現自己作為占卜者和空間掌控者的最佳及最有自信的狀態。或許我聽起來有點老派，但慢工才能出細活，做好一件事確實需要一點時間，贏得他人的信任同樣需要時間。塔羅牌最需要時間和耐心，所以請放輕鬆，讓自己好好地適應它。你所進行的儀式、對每張牌（無論是不是金幣牌組）的承諾與深切的尊敬，以及對客戶的無條件尊重與忠誠，都會直接影響你整體塔羅體驗的品質與流暢度。

金幣象徵正直。在我過去十年的個人與專業占卜經驗中，我最敬佩占卜者願意在解讀中禮敬傳統，而非使用恐嚇手段或奇特的預測方式，電影和情境喜劇常常以這種方式展示塔羅牌，但這不僅沒辦法表達什麼，反而讓人感覺非常虛假。有許多例子顯示塔羅牌在電影、媒體、流行文化和社群媒體的病毒式傳播中被貶低。塔羅牌並非是派對的娛樂把戲或簡單的紙牌遊戲。（我知道如果你在讀這本書，你可能已經明白這點，但我仍認為值得重申。）請將學習塔羅牌的過程視為神聖的體驗。放慢腳步，建立扎實且現實的塔羅關係，並持續享受一生的學習和深入的實踐。

提示 留意自己和客戶是否帶有任何固執的跡象。土象能量較務實和腳踏實地，但有時會顯得頑固，不願妥協。在金幣佔多數的解讀中，你可能會發現與其他花色較為平衡的解讀相比，金幣的解讀欠缺一點情感、激情、個性和魅力的特質，甚至可能讓人感覺少了些活力和趣味。雖然避險並無不妥，但我們的經歷和療癒不必顯得枯燥乏味。如果能量有這樣的感覺，而你（或你所服務的靈魂）也感覺「卡住了」，可以詢問牌組該如何打破這種僵化或過時的能量。

塔羅牌之外

在你的生活和塔羅練習中，尋找那些能給予你安全感的存在。許多人追求刺激，這並沒有錯！然而，當你找到能為你提供充分安全感的人和環境後，請原諒自己——原諒自己曾經沒有優先考慮內心的平靜，讓自己陷入不適合的環境或處境中。原諒自己當初選擇了那些削弱你根基的人事物，而不是選擇與你一起共同打造自己理想生活的人事物。同樣地，這也適用於任何信仰或靈性的實踐。一旦某個地方讓你感受到像家的歸屬感，便可將其視為你靈魂可以安住的工具、實踐或資源。

練習

請專注在你的自身價值。想一下，當你收到別人的禮物、金錢、時間、讚美或**任何形式的給予**時，你對自己有什麼感受？是否覺得自己值得被如此對待？土元素鼓勵你向自己和宇宙請求**更多**。我指的不是那種靈性逃避（spiritual bypassing）的做法（比如「你可以一夜之間顯化出逃避現實的辦法！」）。金幣象徵的是一種深植內心且忠誠的價值感，雖然不顯眼，但卻扎根深厚。金幣會引導你得到更多（並為此付出努力），直到你獲得真正屬於你的一切。你確實非常值得擁有這一切。

★ 我的身體｜金幣王牌 ★

我曳足而行，感受塔羅牌
在我手掌上輕輕飄動。
它們開始翩翩飛舞。
我的左手指揮編舞。
在這個舞池裡，我有家的感覺。

｜**關鍵詞**｜

顯化、潛力、成長、通往安全的道路、繁榮新事業的起步階段、一個可以落腳的地方和新的基礎、帶來豐盛的關係、機會或經驗

｜**意義**｜

對我而言，金幣王牌是所有王牌中最真實具體的，它所帶來的禮物往往是可衡量的。聖靈伸出一隻手，為我們提供了一個有形且值得抓住的機會。將這視為投資時間的邀請，別懷疑內心的渴望，因為這裡隱藏著巨大的潛力。這張牌代表一個穩定的開端，它能夠成長並經得起歲月的考驗。或許是時候在新的城市或新的家扎根、邁出步伐追求更契合的職業、帶著忠誠進入關係的下一階段，或迎

接家庭中的新成員。當你播下種子並讓新的能量綻放時，土元素將會滋養你。

帶著安逸的心，保持感激，並做好準備。你正在邀請物質形式的奇蹟到來。

連結金幣王牌

將你的身體交給大地母親的雙掌上。最簡單、最直接且最有效的接地方式，就是找到一片草地或土壤，讓自己扎根於此。好好地深吸一口氣，想像土元素進入你的身體。我經常選擇閉上眼睛，感受地球的能量從我的腳底流入，沿著腿部上升，充滿全身，直到我能站得更高、更有自信並更有力量。

進一步反思

製作一個願景板。它必須是海報板上的雜誌剪報拼貼嗎？不一定，當然也不是不行！你的願景板可以像是模仿你未來回憶錄的日記、帶有精選內容的 Pinterest 板，或者是你親手繪製的圖畫。一切由你選擇。這張王牌想要為我們帶來一些東西，因此向宇宙展示你的願望清單吧！具體說明你的願望，並創造出你願意為之付出努力的現實。

★ 我的身體｜金幣二 ★

期望的源頭和重責大任
都從我腳邊消失，
讓我感到不穩定、不確定。
但這也賦予了我選擇的自由；
我可以去任何我覺得受到召喚的地方。

｜關鍵詞｜

適應力、靈活性、平衡、資源、耐心、決定、願意改變、重新分配時間、精力和成本

｜意義｜

金幣二向我們呈現了幾種不同的能量，並要求我們學會同時應付多項任務。這張牌希望我們保持平衡，同時兼顧各個優先事項。時間非常珍貴，金幣二提醒我們注意當下是如何分配時間、注意力和精力，以及分配到哪裡。

由於這張牌的數字是二，代表即將面臨的選擇或決策，雖然看似迫在眉睫，但實際上並非這麼急迫。其實，最好的做法是保持平衡，繼續平穩地做好現實生活中的事務。我用一位有抱負的企業家作為例子，他需要平衡自己的「副業」與全職工作，以滿足家庭（以及自身）的需求。這可以通過預算制定、時間表的安排，並在處理多重責任時保持冷靜來達成。

｜連結金幣二｜

學會使用「也許」這兩個字，並能自然而然地說出。金幣二代表在黑白之間擺盪，而在灰色地帶最為自在。當這張牌出現時，我們或許應該對自己多點寬容。說「也許」而不是承諾一些你無法確定的事情，真的會有這麼糟嗎？當你猶豫不決時，與其勉強說出一個答案好讓自己迎合他人，不如坦誠地說「我不太確定」，真的會怎樣嗎？或許，正是在我們願意承認自己不知道時，我們才最能信任自己。

｜進一步反思｜

在你的日記本中，針對以下提示自由書寫或者列出清單：

- 我還在決定……
- 我還不確定……
- 在還沒開始……之前，我還是可以先繼續探索。

★ 我的身體｜金幣三 ★

「我需要你的幫忙」，
過去我覺得這如同在袒露自己的愛
和脆弱，
像是承認失敗或者說抱歉。

療癒的過程，需要我請求
那我自覺不配擁有的支持。
在我無數次從崩潰走向重建時，
朋友、情人、家人，卻又一次次出現
在我眼前。

｜關鍵字｜

共事、合作、累積知識、朝工作與目標邁進、善用資源、尋求他人幫助與智慧、學習、提升自我

｜意義｜

我們不斷學習與體驗新事物，甚至有時是在無意識的情況下。有時我們只是透過觀察來吸收新資訊。而金幣三提醒我們要更有意識地努力改善，採取行動，並藉助他人的觀點來提升自己的見解。這張牌謙虛地告訴我們，我們並非無所不知，必須依賴他人的技能與專業來發掘和發展自身才能。我們可以藉由他人成功之路的啟發，邁向更精湛、有意義的方向，將這些智慧融入自己的成長之旅。

金幣三是一個關於合作和自我意識的完美測試。三角形象徵著穩固的結構和強大的基礎，這是此牌的核心主題之一。作為一個群體，我們通過社群和連結來成長、發展並共生共榮。如果這張牌出現在職業相關的解讀中，它的訊息很明確：團隊合作，並觀察你的工作效率如何以倍數增長。不論占卜的重點是什麼，請留意周圍自己所建立的團隊，迎接更多有用的資源和盟友，或考慮下一步向哪些專家或值得信任的人學習。

連結金幣三

把事情外包出去。請婆婆某天下午來幫忙照顧孩子，打電話給最好的朋友尋求片刻的協助，或僱用一個合適的人來完成你一直拖延的任務。當你面對多項任務和需求，可能是時候尋求額外的幫助了。如果你是企業主，這可能意味著需要聘請一名新的社群媒體企劃或會計人員。對於新手父母來說，這或許是選擇訂購外送到家，因為今天**真的**抽不出時間。無論你需要什麼，你要相信自己都值得擁有，因此不要猶豫，繼續尋求幫助吧。

進一步反思

反思，並寫下：

- 我對「承認自己不知道一切」這件事有多自在？
- 我有多常主動去尋找新知？
- 內在哪個部分讓我抗拒不完美、害怕犯錯，或不願承認自己無法完全自給自足？

・我的獨立性，是在幫助我成長，還是在阻礙我前進？

請以你認為最合適的情境回答這些問題，你可以聚焦在職場、愛情或者友誼。

★ 我的身體｜金幣四 ★

我渴望過上一種
能讓我感到滿足的生活，
並在此過程中學習到「滿足」
與「飽足」之間的差異。

｜關鍵詞｜

看守、囤積、節約資源、掌控、剛好夠用、安定但不富貴、節儉、對物質得失的覺察

｜意義｜

「你好嗎？」金幣四會用「還過得去」來回答這常見的問題。

只是還過得去嗎？雖然塔羅牌中的「四」給我們喘息和暫停的

機會，但頑固的土元素會在這個循環週期迫使你停下腳步，並提醒你保持現狀。這張牌表達了對未知的抗拒，對失去現有事物的恐懼往往會勝過我們對新事物的追求。雖然傳統上，這股能量與存錢有關，但囤積或保留的概念其實可以延伸到生活的各個層面。萊德·偉特·史密斯牌組中的圖像描繪了一個男人，他的雙腳各踩著一枚金幣，手中緊緊抓著另一枚，將所有財富（但也不算多）緊貼在胸前。你需要問自己：你究竟在守護或保留什麼？這張牌的出現是要提醒你關注財務狀況，或是那道你在內心築起的防護牆？答案取決於解牌者你的決定，不過要記住，當你鬆開緊握住的手，你的生命就能容納更多的可能。

連結金幣四

面對你的金錢創傷吧！我們每個人都有。如果你在二、三十歲時經歷過根深蒂固的金錢恐懼，請舉手（我也舉手了）。我們與財務的關係通常深受家庭影響。金錢承載許多記憶——對有些人來說，是創傷；對另一些人而言則是目標或依戀。金錢的意義千差萬別，早在我們學會如何數小豬桶裡的硬幣之前，我們的父母已經擁有他們自己的金錢觀，而他們的父母也將自己的金錢故事傳承下來。

試著回想你最初跟金錢相關的回憶，也可以詢問家庭成員的金錢經驗。我也會把這張牌和「害怕被看見」或「害怕展現脆弱」聯想在一起。分享你所遇到的金錢煩惱，或傾聽他人的擔憂，能幫助你開始修復金錢的不安全感、邁向豐盛的阻礙和經濟不穩定的問題，這些或許是世代傳承的課題。

| 進一步反思 |

在你的日記本中，反思以下的問題：

- 我是否相信自己能夠捍衛（並維持）自己的價值觀？
- 我對待物質的方式，是否也反映出我如何對待自己？

★ 我的身體｜金幣五 ★

奇妙的是，我意識到自己
曾經破碎的每一部分，
依然有足夠的力量
支撐我去打造自己夢寐以求的人生。

| 關鍵詞 |

匱乏、枯竭、深層焦慮、不穩定的局勢、健康不佳、孤立無援

| 意義 |

當我翻開這張牌時，我知道我身上空無一文，身體疲憊不已，整個人被掏空，我厭倦這樣的疲累感。

這張牌的能量很低，甚至帶點絕望和匱乏，牌面描繪一個嚴寒的冬天，兩個身體虛弱的人在冰冷的黑暗中徘徊。它可能象徵失去、天災，或是被家庭或社會疏遠，它說明了一種被遺忘而不是被滋養的感受。雖然基調黯淡，但金幣的週期已達到某種高峰，唯一的解脫途徑是穿越金幣五。身體雖然感到空虛，不過這裡也蘊藏著重新補充或獲取能量的可能性，誘使我們尋找戰勝困境的力量與韌性，而非輕易放棄。這張金幣五並不是嘲笑你所處的低谷，而是承認你的困難，同時鼓勵你懷抱希望。由於金幣牌組與物質和現實世界息息相關，現在你需要找到具體的解決方法來改善當前的困境。謙卑地向他人尋求支持，並接受更多幫助，才能夠從低谷往上爬。過去你已經歷過許多風雨，所以當你度過這個寒冬時，別忘了肯定自己的力量。

連結金幣五

當我們精疲力盡時，身體和神經系統會呈現失調的狀態。嘗試使用盒式呼吸法（Box Breathing）幫助你回到中心。這個呼吸法分成四段，既簡單又不容易忘記。因此，無論你感到多麼不知所措，它都是可以在壓力當下使用的工具，不會為你的練習添加不確定感。

請你試著……

1. 先將肺部的陳舊氣息完全吐出，徹底清空身體。
2. 接著有意識地吸氣，心中默數四拍。

3. 屏住呼吸，內心數到四。

4. 吐氣，內心數到四。

5. 屏住呼吸，保持身體淨空，內心數到四。

6. 多重複幾回，或視需求重複進行。

｜進一步反思｜

請創造一句屬於個人的正向語，支持你穿過最艱困辛苦的時刻。請為以下句子填入能帶給自己力量的詞彙：「我不是『破碎的／被遺忘的／不值得的／失去的』。我是『堅韌的／有天賦的／值得的／有意識的』」。我現在將要重新連結自己的內在力量，因為……」。

★ 我的身體｜金幣六 ★

「長大後你想做什麼？」

「我想創造一個空間、地方、形式，
讓女孩們來這裡可以感受到
自己的美好。」

這是我當時的回答。

多年後，我依然在努力創造和構築
這樣的圈子與空間，
讓女性能夠實現這個目標。

｜關鍵字｜

慷慨、接受、分享、慈善、社群支持、給予與接受之間的能量平衡、提供

｜意義｜

這張牌象徵慈善與施予。如果要我簡略說明的話，就是關於給予、支持以及與他人分享。經歷了金幣五的挑戰後，在世俗週期的下一階段，金幣六帶給我們所需要的援手。如今我與塔羅牌已建立更深的關係，對我來說這張牌也擁有更豐富的意義。我鼓勵所有占卜者探索這張牌的深層意涵。在萊德．偉特．史密斯牌組中，「施予者」一手持硬幣準備給予他人，另一手拿著象徵公平的天秤。我們是否比想像中更能夠保持我們的平衡？事實上，這位富有同情心的施予者在某個時刻也會需要他人的幫助，我們每個人都曾經歷過富裕與匱乏的交替變化。當這張牌出現時，試著反思你當前的狀態——是時候付出還是接受呢？如果你渴望在生活中看見更多的富足、金錢、成功或其他事物，靈魂可能在暗示你：要獲得這些，或許需要先學會臣服，透過付出來接收更多。

請多留意，只要物質、金錢和資源的能量與頻率能夠互相流動，並以平衡的方式，既流向你又離開你，生活就能向你敞開，變得更加寬廣。

｜連結金幣六｜

為他人服務。最慷慨無私的人往往都是那些充滿使命感的人。

你最後一次不求回報，純粹只想提供幫助、服務或時間是什麼時候？也許是為某個組織做志工，或是捐款支持某些團體活動。這類行動也可以很簡單，例如打電話給遠方的朋友，確認他們是否安好，或寄送小禮物或卡片，讓家人知道你在想念他們。這張塔羅牌傳遞的是無私的慷慨精神，完全沒有小我牽涉其中。不要因為期待讚美而假裝當好人，那樣反而令人反感。也不要因為憐憫而施予。謙遜地依循這張牌的指引，給予付出，因為你知道需要幫助是什麼樣的感受。

｜進一步反思｜

相較於自己的付出，請進一步探索自己與討好他人或者扮演「救世主」角色之間的關係。請在日記本上寫下你願意為誰挺身而出，以及他們的回應（或沒回應）。接著，繼續深入這場療癒。請回答及反思以下問題：

- 我常討好他人嗎？
- 如果答案為肯定，這樣的行為是從何時以及為何開始的？
- 在不須先付出任何東西的前提下，我值得接受什麼？

★ 我的身體｜金幣七 ★

身體自有智慧。

它明白對與錯。

它知道何時該留下，何時該離開。

它能辨識肥沃的土地。

它知道在哪裡

值得扎根發芽，開出花朵。

｜關鍵字｜

規劃、沉思、耕耘、反思、對目前週期的評估、有意識的努力、堅持

｜意義｜

留意自己是否正以自動駕駛模式在行動和回應生活。

這張牌通常描繪了一名長時間在田地裡辛勤工作的人。解牌者可以想像一下，那七個在他腳底下的金幣，似乎在嘲弄他的努力，像是在說「才這樣而已？」這張牌提供了我們繼續堅持的選擇，或者引導我們去其他地方尋找我們認為應得的豐收。簡而言之，這張牌要求我們仔細權衡利弊，思考這項努力是否值得繼續下去。

回想一下，這樣的教訓你已經遇過多少次，這是一個相當常見的問題。當一段關係陷入困境時，雙方都需要考慮這段關係是否堅韌到可以繼續發展下去，還是已到了該分手的時機點。也許，儘管新工作的薪水豐厚，但它並不足以彌補工作與生活的不平衡，或者無法擺脫職場內的負面文化。我一直將這張牌視為一個評估的機會，並在必要時重新調整方向。排除情緒干擾，因為這時候更適合依賴土元素的實際性來做出判斷。你的身體也是可以參考的指南，問問自己是否還能繼續承受當前工作帶來的疲勞和乏味。

｜連結金幣七｜

請停止同時間處理多項任務。這裡的能量是多餘且僵化的，而理解這張牌的最佳方式就是完全活在當下。當你思緒混亂、試圖釐清自己真正想要什麼時，忙碌只會加劇你的困境。

另一種能讓你在物理層面與這張牌連結的方式，是進行正念運動，這可能是指散步時不帶手機，或者在不聽音樂的情況下完成日常鍛煉，專注於你的呼吸節奏。盡量放慢腳步，留意你一天中的每一步，並在這過程中觀察自己的內心想法。

｜進一步反思｜

請在日記裡列出你肩負責任的七個生活領域，然後針對每個領域寫下你是否引以為榮，以及它們是否帶來成就感，並說明原因。

★ 我的身體｜金幣八 ★

療癒是在骯髒的指甲裡
找到美好，

讓指甲縫間沾滿泥土的手指
緊握剛萌芽的莖幹
並摘下鮮花。

療癒是一份禮物，
感恩所付出的每一分努力。

｜關鍵字｜

精通、貢獻、全神貫注、完成已開始的事情、全力以赴、不懈的專注、精湛工藝、完美執行

｜意義｜

你一直在這個金幣週期中耕耘，或許會懷疑，努力真的會有回報嗎？如果你抽到這張牌，我會告訴你「是的」（或者已經八九不離十了）。這張牌所展現的全心投入與奉獻，正是它最美麗且令人敬佩的特質。牌面是一位誠實且可靠的工匠，心無旁騖地專注於自己的工作，謹慎而機敏。如果要用塔羅牌中的一張牌來展現現代的奮鬥文化，那麼金幣八正好能夠作為代表，它展現出努力不懈與精心磨練。

雖然讓自己筋疲力盡不應該是最終目標，但有時卻是必要的過程。畢竟，是你自己選擇忠於這份工作。（還記得金幣七中的教訓和反思嗎？）努力之後，專業知識與技能都將會是你的回報。當金幣八出現時，表示你已經全力以赴了。你正全心全意投入你所堅信的事物中，可能已持續一段時間，可能已經很擅長，或者比你自己想像中做得還要更好。

雖然這種投入精神令人欽佩，但請留意不要過度勞累，也不要只用職業成就來衡量自己。

｜連結金幣八｜

規劃一個自己在接下來八天中堅持每日早晚進行的例行事項，並將它寫下來。這必須要簡單易行，但同時具有一定的挑戰性，讓自己每天進行思考並有意識地做出選擇。或許你可以進一步使用以色彩作為分類的追蹤表來幫助你——任何對你有效的方法都行！設下一些紀律，運用金幣八的能量，留意自己是否能在短短八天內培養出自然而然的動力與專注力。

｜進一步反思｜

請依照以下指引與未來的自己對話：「親愛的未來的我：今天，我盡了最大的努力。我忠於過程，持續前行，讓我們引以為傲。未來的我，我想告訴你，我是多麼為你感到驕傲……」

★我的身體｜金幣九★

看著我的指引者遞給我水果——
櫻桃、草莓、甜瓜，
全部色彩鮮明，
一系列豐富而女性化的色彩。
我詢問他們為何要獻上水果。
「因為生活如此甜美，
而且現在是時候品嚐和享受
屬於你的豐盛了。」

｜關鍵字｜

成就感、獨立、自立、美麗的外表、奢華、富裕、自我放縱、自我照顧、財務成就、穩定持續的資源

｜意義｜

你做到了。停一下，再唸一次這句話。你做到了。就是你。

坐下來好好享受這份成就，並欣賞你的獨立性。如果金幣九為你帶來了奢華與豐盈的能量，顯然地，你做出了正確的選擇。憑藉長期的辛勤耕耘、耐心以及專注地投入某個過程，你已經積累了許多不會輕易失去的資源。毫無疑問，這都是你應得的。

自我價值是隨著時間慢慢累積起來的，而擁有這樣的認知不是很美好嗎？如同牌中人物將手放在九個穩固的五芒星上，我們不僅可以，也應該為這張牌所象徵的獨立和自信感到驕傲。如果你希望賺取更多財富，這是一個好的預兆。如果你在考慮是否已準備好迎接更多的豐盛，我會告訴你，你已經準備好了。你目前比之前得到了更多的放鬆和休息。金幣牌組教導我們以身體的毅力去承擔責任、付諸行動和履行承諾，而最終金幣九會帶來健康、財富與驕傲，並讓我們享受應有的休息。

｜連結金幣九｜

投資在自己、你的身體和帶給自己舒適感的任何事物上。由於金幣是貫徹到底的牌組，因此我們不容許任何藉口。對自己好並不需要帶著內疚。無論你選擇哪種自我照顧的方式，都全心全意地去執行吧！對有些人來說，這可能是購物療法；對另一些人來說，可能是一兩天的獨處時間，徹底放鬆休息。不用等別人主動給予或邀請！你已經不懈地為自己付出，所以現在理應獲得這份獎賞。暫時放下你的責任，去做一些對身心有益的事情。

｜進一步反思｜

在日記裡完成以下的句子：

- 當我 ____________，我能感受到自己的獨立性。
- 我透過 ____________ 照顧和滋養自己。

★ 我的身體｜金幣十 ★

十六歲那年，我在左腕刺了一隻鳥，
草率的選擇且毫無靈感。
「這有什麼意義？」接下來的幾年裡，
其他人經常問我。

當時與我的身體分離，
對於這個選擇，
我不以為意，
完全不知道歷史正在為我書寫新篇章，
而我的身體只是讓我在正確的時間
到達正確地點的載體。

「沒有任何意義」
我回答。

二十九歲那年，我看著我摯愛的男人，
在北方他父母家的後院觀察著鳥類。
「你看，又是一隻稀有的鳥！我們今天真幸運。」他這樣對我說。

不久後，我開始冥想，
看見了她，

也看到了他，
還看到了我們所有人。

我問靈魂她的名字。
「艾娃，」她回答道。
這是一個我從未想過的名字，
就像那隻鳥不經意間在我柔軟的皮膚上刻下了痕跡。

後來，我查了一下這個名字的來源，
發現它的意思是「像鳥一樣，活潑。」

三十一歲的我，坐在我們的露天平臺上寫這本書，
這裡是我們目前共同生活與愛的空間。
我的左手無名指上戴著一枚戒指，
點綴著與刺青手腕相同的那隻手。

一隻經常來訪的鳥停在窗台上，
離我只有幾英尺的距離。

是的，我們很幸運。
幸運的是，沉浸在彼此的安全感之中，
承諾與後代共同創造未來而努力。
幸運的是，現在一切都有了意義。

｜關鍵字｜

滿足感、富饒、家庭、祖先、安穩的家、財富、傳統、特權、紮實的基礎、根源、遺產／傳承

｜意義｜

金幣十帶來一種忙碌而充實的氛圍，這並非巧合。從藝術角度來看，畫面中正在發生很多事情，每個角落都充滿細節。從孩子、忠誠的寵物到老人和社群，所有人都能感受到安全與豐盛。這張牌的基調和內在連結是偏向傳統的，甚至有時會顯得稍微保守和物質導向。它帶有「老錢（old money）」的氛圍。然而，這張牌以滿足與家庭為主軸，因而呈現出慷慨、健康和單純的意圖。

用更現代且多樣化的方式來詮釋財富對人們的價值——我想強調，即便是在資源不多的情況下，依然有許多方式能令我們感受到安全感、保障、被愛和滋養。撇開資本主義的影響不談，家庭和穩定的社群是這張牌的核心。它強調養育家庭以及與家人共享的過程能夠帶來滿足感，身體也能因此感受到平靜與健康。當走到塔羅牌循環的終點時，我們便擁有了與該元素相關的能量，在這裡，土元素象徵物質世界的力量和權力。如果你的目標是建立穩定的收入來源，或是找到能夠共同創造家產的伴侶，那麼這股能量將支持你的理想，讓你的願望更具實現的可能性。如果你抽到這張牌，這可能意味著你已經邁向以努力、愛與承諾所構築的未來之路。

連結金幣十

思考並描述你希望自己留下什麼樣的傳承（別有壓力！請記得，這是可以靈活調整的！隨著時間推移，這會改變、成長和演進。）但此時此刻，你對自己和長遠的未來有什麼期望？除了日常生活的需求之外，你還希望能在這個世界上激發或創造出什麼？你的微小存在，能如何成為許多人眼中的禮物？給自己一些時間去思索、想像這一切，或許閉上眼睛，設想自己能留下什麼樣的能量烙印。誰的心會因此被觸動？你能夠帶來什麼樣的改變？你是否能夠鼓勵自己去追求更大的夢想或更深層的愛？相信每個人都是獨一無二，有能力在這一生中創造出重要、豐富且有意義的事物。

進一步反思

這是一段漫長的循環週期，現在是時候感謝自己的身體了。經歷了變遷、辛勤付出和充滿幸福奇蹟的季節後，你的身體始終與你同行。請在一天中為自己留些時間來進行以下的身體練習：

1. 請選擇讓你感到不安或沒有自信的身體部位，將雙手輕輕放在這個位置上。
2. 深呼吸，連結這個部位。當你觸碰它時，你有什麼感受（無論身體上還是情感上）？當你花時間尊重它時，你的身體傳遞了什麼訊息？你能對這個部分的自己多一點包容和愛嗎？
3. 反思並寫下：「謝謝你，身體，因為你……」。

★ 我的身體｜金幣侍者 ★

當我閉上眼睛，建立連結
尋求答案時，
映入眼簾的盡是一片綠意。

廣闊的草原
與新芽的承諾。
我瞬間感受到自由
與寬闊的氛圍。
在這，我成為了自己靈魂的學習者。

人格特質：嚴肅、機智、樂於助人、完美主義、學徒、未來的領袖、支持他人、充滿好奇心、機會主義

｜意義｜

這張侍者牌希望你能以孩童般的好奇心去看待世界，並對那些隨時出現的機會感到開心。它無疑是一名信使，為你帶來充盈的新開端，類似金幣王牌，但帶有更強烈的渴望和迎接任何挑戰的精神。當這張牌出現在占卜中時，你可以探索任何愛好、興趣、事業方向或可能性。憑藉穩定的步伐和願意接受挑戰的身體，金幣侍者提醒我們，有時最好的學習方式就是親身嘗試。有意識地使用自己的身體，發現自己潛在的能力，即使這意味著可能犯下一些錯誤或偶爾的失足跌倒。

金幣侍者的引導

透過自由的律動來邀請新能量到來。運動具有不可思議的療癒效果，它能震動並釋放你身體中累積已久的沉重能量。這張牌帶來機會與興奮的感受。因此，讓身體動起來，模仿這種興奮感將使你感到更有活力，幫自己調頻，迎向未來可能發生的任何事情。

首先，站直並將雙腳穩穩地放在地面上，保持平衡並放鬆身體其他部位，然後自由地搖擺吧！可以是聳聳肩膀或快速地彎曲雙膝，也可能上下左右揮動手臂。你甚至可以擺動手指，或是瘋狂地扭動臀部，最後也可以跳來跳去。讓肢體不帶任何目的地自由晃動，就真的只是單純地「動一動」。你會發現，動作持續越久，你的呼吸會越來越快，精神也會變得更加活躍。你也可以注意一下，即便只是站立、移動並感受身體存在，就能感到興奮並活躍起來。

進一步反思

完成下列句子：

- 我希望有天我能探索某些地方、習慣、嗜好和想法……
- 我正在認識自己的某些部分，那些我尚未熟悉，但仍對它們充滿好奇的部分，例如……

★ 我的身體｜金幣騎士 ★

任何事情，

工作、
快樂、
痛苦，

只要沒有愛
就只是死氣沉沉地進行。

人格特質：積極、可靠、團隊合作、耐心、保護欲、冷靜、專業、專注、傳統、純粹主義者、固執、自豪、穩定、負責任

｜意義｜

這張牌的能量流動緩慢且井然有序，充滿耐心與力量。當金幣騎士出現在你面前時，你可能會想要雇用他，因為很難找到比他更願意投入、忠誠於整個過程且對自己行為和工作有明確目標的人。如果這張牌不是指你團隊中的一位得力成員（無論是工作中、家庭中，還是你的伴侶），那麼塔羅牌是在提醒你，要努力工作，只要腳踏實地，必定會獲得豐厚的回報。要注意，不要讓日常生活和付出變得過於死板。

當我們邁向自己最大潛力與更高自我的過程中，總會不可避免地遇到一些需要重新定位的關鍵時刻。而這位騎士的性格並不擅長應對變化或突發狀況。他與生俱來的正直天性是一項值得自豪的特質，不容忽視。無論你是為了達成財務目標，還是單純為了所愛的人和所重視的事物而付出，都應該用真誠的態度去面對和執行。

金幣騎士的引導

將你對某些事物的愛與忠誠表達出來吧！你可以私下寫在筆記本，或者以口頭承諾的方式說出來，讓其他人也可以幫助你履行責任。不要害怕投入工作、人際互動或者害怕做出長期承諾。

你最忠於什麼？你是否準備好對什麼事物更加忠誠？這些承諾又會是什麼樣子？你準備好信守諾言了嗎？對於那些害怕承諾的人：就從一些小事情開始，無論多小都可以。如果你不確定該對什麼作出承諾，不妨將你的內在療癒和個人成長作為靈感來源。總有機會對自己許下承諾。比如，你可以說：「今年我將繼續忠於我的療癒，並開始接受治療。」對於那些真正準備好全心投入的人來說，這張牌可能會激勵他們做出承諾和辛勤耕耘，無論是展開夢想事業、向生命中的摯愛求婚，還是進行對自己有挑戰但回報豐厚的投資。

進一步反思

在你的日記中，回顧你一生中最輝煌的成就以及最艱難的時刻。紀錄那些艱辛的付出，以及那些令你充滿成就感的努力。

接著，寫道：「當我繼續前進時，當我選擇不放棄或不辜負自己時，我感覺到／做到了……」。

★ 我的身體｜金幣皇后 ★

當她對宇宙心生敬畏時，
她在大自然中感受到神的存在——
她於自己的內外
滋養了這個宇宙。

人格特質：神聖、滋養、女性、直覺、母性、慷慨大方、舒適感、穩定、韌性、善於應變、無所畏懼、祥和、豐饒、無限

｜意義｜

當這位皇后的原型人物坐在你面前時，你看到的是一個充滿親和力並讓你感覺回到家的人。你可能會想窩在她身旁，傾聽她的建議，沉浸在她那平靜又自信的氣息中。她帶來一種無法言喻但卻真實可靠的安全感。

這位皇后最具魅力且最有深度的一面，在於她的全面性，她似乎在家庭生活與職業滿足感之間找到了完美的平衡。她十分熟悉努力工作的節奏（畢竟，金幣花色的宮廷成員從不畏懼勞動）。同時，她也深知家庭的重要性，並將身體與家庭視為她豐富人生的一部分。她珍視每一份祝福與恩賜。她的出現提醒我們，充實的生活確實很重要。這位皇后透過行動、自然且豪不費力的價值觀，以及豐饒的生命力來傳遞她療癒的力量。當她出現在我們的占卜中時，意味著我們也許已經準備好開創美好而富裕的新局面。我們可能感受到背後有股力量推動我們去滋養並壯大所擁有的、已投入精力的事物，還有所奮鬥的目標。這些目標確實是我們的優先事項，但並不會因為要實現這些夢想而犧牲自己的內在平靜與健康。

｜金幣皇后的引導｜

辦一場晚宴吧！邀請你所愛的人來到你的神聖空間共享美好時光，這恰好就是這位皇后最純粹（且充滿樂趣！）的展現。準備來自大地的美食，營造溫馨的氛圍，並讓聚會的規模保持在私密的小範圍內。拿出精緻的餐具，製作美味的無酒精雞尾酒，慶祝自己的生命和他人陪伴的美好。金幣皇后深知她的賓客都值得享受最好的，她為自己能夠給予他人關懷而感到自豪，也慷慨分享她努力所獲得的豐碩成果與她所擁有的空間。

如果主持宴會並非你的強項，那就為朋友或家人做些其他事情吧！採集一束他們所喜愛的花，手寫一封感謝信，或者如果你有雙巧手的話，編織一頂羊毛帽給他們吧。不論選擇什麼方式，請務必帶著愛意行動，表達你對他們的感激之情。

進一步反思

將你的感恩練習推進到下一個層次。首先，寫下三件你感激的事情。很簡單，對吧？很好，現在有了這份清單，請想出三個行動，以實際回應這些你所收到的禮物。

你很感謝祖父母嗎？打通電話給他們吧。你很感謝自己的健康嗎？用散步來慶祝自己的活力吧。很感謝自己的寵物嗎？早上多花點時間回應牠們的撒嬌吧。明白了嗎？好好重視，並滋養生活中所擁有的人事物！

★ 我的身體｜金幣國王 ★

當我想起父親時，
我總會想起他對我說的那些話。
「你是我的英雄。」
「我是你最大的粉絲。」
「我愛你勝過世界上的任何一切。」

就如我也記得小時候
我們一起發明的祕密握手手勢，
或是他每晚八點打電話跟我說晚安。

日復一日，
讓我永生難忘。

人格特質：堅定、支持、慷慨、父愛、供養者、傳統、自我提升、堅忍、商業頭腦、信守承諾的人

｜**意義**｜

當這位父親原型人物出現在牌面上時，總是帶來一股穩定的力量。塔羅牌提醒你要優先關注自身的療癒，就像金幣國王為自己所做的一樣。他堅守並忠於自己的信念，即使這些理想在別人眼中或許已經過時了。

身為結合土元素的父權宮廷牌，他以充滿支持性和豐盛的能量安定大家的心。這位國王深諳如何創造並建立他的帝國，以他畢生事業與付出的熱愛做為基礎。當你抽到這張牌時，請留意自己正在建立什麼，以及你如何供給自己和他人。你或許也可以問問自己，究竟重視和熱愛哪些工作，以便繼續用自己的熱情來實現你所期望的生活。

如果你正在尋求經濟穩定的話，這張牌是很棒的選擇，因為它顯示，為了實現自己的目標，你所選擇的道路既受到尊重，且展現出高度的責任感。這位國王不僅是位商人，還是一位耐心且重視傳統的人，他告訴我們：慢工出細活，穩紮穩打的步伐才是致勝之道。我們的一生更像是一場馬拉松，而非短跑賽。這位充滿耐心且保護欲強的人物形象可能會引導你反思，什麼對你才是最為重要，鼓勵你投資在自身健康和資源上，並珍視你在各方面所累積的豐富財富。

這張牌時時刻刻提醒著你：你是有價值的。你的時間、技能和愛都充沛十足。金幣國王雖然擅長管理財務，但他並非一名貪婪之人。他創造並鼓勵由雙手建立傳承，然後用愛分享這份傳承。

｜金幣國王的引導｜

重新（或開始）投入一個全新的傳統。傳統是一種神聖的體驗，因為它們讓記憶深深地烙印在我們腦海中，讓我們細細品味。我們總是能夠重溫自己所熱愛的事物，一次又一次地選擇它，珍惜這些記憶帶來的感動。金幣國王常被視為一位商人、有錢人或執著於成功的人，但別忘了他對家庭、傳統與傳承的承諾。創建一種能夠經得起時間考驗的傳統，同時保持獨特性，並忠於你的家族故事。由於這股能量非常豐沛，與他人分享，讓他們也能夠與你一起實踐並慶祝這個傳統。「家庭」是一個可以無限擴大的圈子，可以由你親手劃得多大，就有多大。

｜進一步反思｜

在你的日記中，完成下列句子：「這就是我渴望生活的世界，而我的內在練習如何一步步將這美好世界成為現實……」

Chapter 8

聖杯牌組：我的情緒

聖杯牌組與水元素對應，邀請我們去感受。它鼓勵我們揭露潛意識的想法，承認並呼喚我們對愛與歸屬感的需求，並給予寬恕。牌卡引導我們進入情感脆弱的狀態，進而淨化我們的心理。這看似一股難以掌控的強大水流，其實為我們提供了一條通往內心深處的直接通道，讓我們觸及自身廣闊且有時超脫現實的領域：我們的心。它將意圖推向意識的核心，鼓勵我們去感受和回應，而不是僅僅對不適的狀態做出反應。更重要的是，這個元素具備療癒的力量。

這正是為什麼在整個牌組和塔羅牌體驗中，聖杯是我最喜愛的，裡頭有幾張牌對我意義非凡。我真正的療癒旅程，正是從我願意迎接水的洶湧，讓那無窮的直覺能量淹沒自己開始的。

當我開始與我的靈性連結時，我正在收集像塔羅牌這樣的有趣工具，但卻沒有真正理解和運用它們的精髓。我總處於一種自我強加的倦怠狀態，堅信唯有表現出堅強的一面，才能證明自己已經克服了過往的創傷。我將力量視為按照自己規則生活的能力，在每個當下掌握自己的命運。我（錯誤地）認為，一旦失去控制就意味著失敗。我是一名年輕、有決心的企業家，也是所謂的「#girlboss（#女老闆）」。然而，我經常感到憤怒和怨恨，每個人不都是這樣嗎？我對我的人際關係感到不滿，經常被誤解，但……這應該很正常吧？事實上，我對自己懷有一種父權式的錯誤信念，認為唯有不斷耗盡心力地向上攀爬，才能證明自己已從過去的困境中重生，這樣的信念驅使我持續追求那些不切實際的期望，我拚命燃燒自己。

在我人生中那段充滿毒性的階段，那段時期的我，就像在水中原地踢水，拚命維持漂浮（無意雙關）[16]。我是真心渴望療癒自己，因為我打從心裡知道自己的控制欲限制了我人生的可能性，也明白自己需要學會放鬆，只是我還不知道怎麼做而已。

我的第一位靈性導師是一位塔羅占卜師，對我的牌卡旅程影響深遠。她的性格充滿魅力，令人難以捉摸。她是位剛從紐約搬到北部的女性，在這裡追求繪畫、減少胸罩的穿著，並通過Zoom指導那些試圖學習愛自己、重新找回自我的女性（像我這樣的人）。她（也像我一樣）曾經是一名吸菸者，容易被激怒，但後來轉向瑜

16 編按：指聖杯牌組是水元素，作者不是故意的，但這個比喻剛好非常貼切。

伽、冥想和正念練習，發現自己比想像中還熱衷於這一切。

她為我抽的第一張牌是節制牌。回頭看，我意識到，或許就是在那一刻，我深深地愛上塔羅牌。相較於其他自我安慰的方式，這張牌所傳遞的訊息讓我體會到更多的真誠與希望。

雖然節制牌並非聖杯牌組的一部分，但它同樣與水元素息息相關。這張大阿爾克納的特徵在於兩個聖杯之間的水流重新達到平衡。牌卡中的人物背後有山脈，象徵我們曾經克服的困難與挑戰。這張牌至今依然是我最喜愛教導的牌卡之一。

當這張牌出現時，我明白過去我沒有真正的「愛自己」（不是只有洗泡泡浴和自我肯定句的便條紙，而是真正無條件地愛自己）。這是讓我無法享有平衡生活的阻礙，無法讓我與他人建立親密關係，我無法與自身的直覺力建立獨特又神聖的連結，也無法讓我帶著自信發展我的神聖女性特質。「愛自己」是讓我成為**自我**的入場券，使我能夠在外在世界如實地展現自己。

「你能夠創造平衡的生活嗎？」她問我，語氣中彷彿這是世上最簡單的事。

「天啊，我真的不知道。」我笑著回答。「我還太年輕，還不能停下。我必須得先證明一些事情。」年輕時的我曾經以為尋求平衡的人生等同於妥協或放棄成功的人生。那時的我，無法想像有人會拒絕那種瘋狂追求高點，又在低谷裡責難自己的起伏人生。

我的靈性導師只是對我微微一笑。一名偉大的導師，也是出色的占卜師，總是讓探索者自己去尋找答案。儘管我耗費的時間比自己願意承認的還要久，但那一刻的來臨我依然記憶猶新。

幾週後，我蜷縮在淋浴間，雙膝緊靠胸前（我至今仍在我的日常生活中保持這個習慣），溫水輕柔地滑過我的肌膚。我完全放空，沉浸在白日夢裡。當我抬起手時，發現水珠滴落在我的手掌心，然後改變了方向，偏離了從蓮蓬頭噴出的原始路徑，順著我的身體流下，最後落在地面上。

我清楚地看見這些水滴如何順從地流向我引導的方向，這之間沒有任何強迫，而是自然的流動。它們並未試圖用力穿透我的手掌好達到目的地，而是輕輕地從我的指尖滑落，最終落在淋浴間的地板上，再慢慢流入下水道。

我在淋浴間的地板上笑了出來。真的有那麼簡單嗎？我能否像水滴一樣優雅地流動，以寬容的態度和靈活的姿態流向我注定要去的方向？是否能夠以一場輕盈優美的舞步，成為我心中所嚮往的自己？

這一切似乎都太理所當然，但當時的我並沒有意識到。當然，我愛上瑜伽，也發現冥想的益處，並感受到一種超越自我（靈性）的力量，但我缺少引導它的管道，也沒有能夠承載它的容器。我選擇了極端的生活，在混亂中尋求自我成長。

這或許聽起來有點愚蠢，但當我在淋浴中看到水元素展現聖杯牌組的特質時，我體會到了女性能量的價值。我讓它接住我、改變我、軟化我的內心。想要真正融入塔羅牌練習，確實需要這種柔韌與彈性。

在本章中，你將看到塔羅牌中的水元素如何引領我走向現在愛自己的狀態。我如今站在祥和的彼岸，凝望著人生的地平線，明白我從未強求它，而是積極地與它共同創造。

｜有關聖杯牌組｜

元素：水

脈輪：臍輪

時間與速度：一個月或一個月亮週期

星座：巨蟹座、天蠍座、雙魚座

季節：夏季

〔聖杯牌組是……〕

愛、療癒、浪漫、直覺、同情、潛意識連結、女性能量

為自己占卜時

帶著意圖練習。當我們接收到聖杯牌所傳遞的柔和、寬容和母性力量時，往往都會有一種被照顧、滋養和接納的感覺。在這個洋

溢著情感共鳴的柔軟繭中，你可能只想靜下心來休息，甚至不想採取任何行動，或根據牌的啟示做出改變。

這也沒關係。不過，我邀請你回應牌卡所傳達的訊息，在練習中融入一些反思。留意自己在過往經驗中是否因恐懼而逃避下一步，或者是否濫用聖杯的靈活性。你是否總是避免衝突？在溫柔的流水與聖杯牌組的支持下，思考自己會採取什麼樣的行動。運用同情的能量，去滋養和放大你那些需要勇敢、積極主動並主導自己人生的部分。

不過，你要記住，水元素要求我們接受它強大卻無形的本質。雖然水具有療癒的力量，但我們也要時刻警惕淹沒的危險。讓體驗觸及你的心，但也不要忘記自己的目的。

為他人占卜時

溫柔一點吧。對於在塔羅牌中探索聖杯主題的占卜師們，我最大的建議是軟化自己的語調，讓身體放鬆，並敞開心扉去感受面前之人的能量。當我們深入探討敏感話題時，可以用這種能量讓對方感到安心：「此刻此地，你可以完全做自己。」

流淚、露出脆弱的一面、分享自己的生命歷程，這都是很私密的行為，所以能在他人面前坦誠相待從來都不是件容易的事。將這樣的勇氣與一副塔羅牌結合在一起，感覺就像是進行一場情感上的俄羅斯輪盤。那些來找你占卜的人，難免會擔心他們最大的期望和夢想，或者最深的創傷（甚至是兩者！）會不會顯示在牌面上。當他們坐在你面前，赤裸裸地毫無遮掩，而你與他們穿梭在七十八張原型牌，透過牌卡分享自我消亡（ego death）、防禦機制、貪婪、悲傷以及自我毀滅等議題。在那樣的狀況下，只有完全封閉自己的人才不會感到脆弱。

為了他們，變得更加緩和、輕柔吧。讓聲音變得更柔和、語調更平穩，讓眼神也更加溫柔些。讓他們看見牌卡多麼美麗、可愛，用熱情的語氣描述牌面，讓塔羅牌成為寄給他們的情書。透過與他們同在，就足以讓他們感受到這副牌組的美。當聖杯出現在占卜時，聆聽的時間要等同於說話的時間，語言也要字字流露出詩意與美感。

提示 簡而言之，用關懷之心占卜吧！在這個充滿干擾和手機通知的時代，能夠被聆聽、被看見並被一顆真誠敞開的心慶祝我們從以前到現在的感受，這的確是一種恩典與禮物。作為一名占卜師，這個空間並不需要過度分析或陷入理性的思維。

塔羅牌之外

在你的生活和塔羅牌練習中，請追隨那些讓你感到寒毛直豎的事物，關注那些能夠激起你深深感激與欣賞的事物，留意那些讓你因喜悅而眼眶濕潤的人物、地方和經歷。當我為自己或為敞開心扉的客戶建立連結，向靈性和我的牌卡尋求能夠觸及內心和靈魂的訊息時，我經常會落淚。那不是來自喉嚨的哀嚎（雖然這也沒什麼不妥！），而是一種輕柔而細微的情感釋放，就像情感的宣洩、精神的淨化。

我會有所感知。當這種情況發生在我身上時，我會靜靜地坐在那裡，感知當下，對於自己的身體能夠容納源源不絕的情感與宇宙能量感到驚嘆，我深深地明白，這是心靈體驗的魔法所在。

練習

讓你的生命和靈性實踐添加浪漫的色彩。並非每個靈性成長階段都是充滿陰影或沉重感，靈性也可以是美麗的。事實上，它本來就是美麗的。勇敢地在雨中跳舞吧！不要擔心自己看起來像在演偶像劇。讓自己沉浸在水中，感受那份充滿活力的滋潤。在這些片刻中找到快樂，這是維持這段深刻且變革之旅的唯一途徑。

★ 我的情緒｜聖杯王牌 ★

我坐在淋浴間的地板上，低下頭，
水滴如朵朵親吻，
輕柔地落在我的頭頂。
它們從我的臉上滑落下來，
在我的鼻尖上跳舞。
我閉上雙眼，想像光線傾瀉進來。
這個空間已經淨化完畢，
我更進一步，
迎接每次都充滿生機的洗禮

｜關鍵字｜

愛與療癒的新循環、自愛、純潔、淨化、來自靈性以心為中心的恩賜、一個清晰的新開始

｜意義｜

這張牌出現時，我感到安心並與自己的內在連結。其背後的意圖非常純粹；就如同宇宙在我們經歷情感起伏後，輕輕拭去我們的淚水，並再次帶給我們希望一樣。當我們花足夠的時間去療癒時，它傳遞了一種內心平靜的感覺，因為我們真正體現了那些Instagram心靈語錄所說的：自愛。無論是在愛情、情感療癒和親密關係上，聖杯王牌都為我們帶來了大量的新契機（和觀點）。它在詢問你會將這股充滿慈悲、良善且美麗而脆弱的能量引導向何處。愛的河流

廣闊無際，現在正為你所用。你可以將這份愛傳遞給某個人，但我建議你先將自己的杯子倒滿。這張牌敏感而神聖，蘊含著神聖女性的柔和力量，而且可以用來淨化、支持與滋養你認為最合適的對象。讓愛變得簡單，保持柔軟與開放的態度。這是一次讓你深入自己內心的邀約。

連結聖杯王牌

從字面上來看，就是要你直接碰觸到水。無論是在大自然中與水連結、泡個澡，還是喝一口水果水，去好好地感受當下。盡可能將指頭泡在水中。回家時，也可以調皮地踩一踩水窪。請留意水是如何以各種形式支持你、接住你。

進一步反思

請寫一封情書給自己，然後繼續寫下去，直到那些害羞及不自在的感受消失。讓文字傾吐在白紙上，就像是對你所深愛的對象訴說愛意一樣。

★ 我的情緒｜聖杯二 ★

他們警告我，愛需要有所妥協，
而我總覺得更多是犧牲，
直到我抬頭，望向與我平視的那雙眼。
他都在，也一直鼓舞著我，卻不會干涉
我所選擇的道路，
他就在那，看著我，選擇我。

｜關鍵字｜

有意識的連結、忠誠的開始、夥伴關係、心之所向的選擇、為對方付出、平衡、在關係和情緒狀態中感受直覺的引導

｜意義｜

聖杯二是一張以連結與忠誠為主軸的牌，象徵真誠地努力將陪伴和照顧自己以外的人放在優先考量。雖然它的出現往往代表兩個靈魂在浪漫旅程中的結合，但這張牌也可以超越愛情關係，象徵著由兩個契合或信賴內心的靈魂所建立的合作或友誼——那些上天安排好讓我們遇見、學習的夥伴。

無論你是否認同靈魂伴侶的概念，還是相信偶然相遇的魔力，這些關係中的人很快就會成為我們旅程中的重要配角，並在我們美好回憶中佔據一席之地。

聖杯二體現了我們與他人並肩走在一條如履薄冰的道路上，而這張牌的出現意味著這兩股能量本能地在最完美的時間交會。在這獨特的時刻（我們無法保證這將會是永遠），他們彼此有所共振。這張牌我最喜歡的是雙方的平衡與互惠。他們恰好位於牌卡的正中央，向解牌者表明他們原本是來自不同方向，但在這個當下合而為一，共同站在這個空間。

我也非常喜歡探索這張牌中如鏡子般的倒影關係。聖杯二是否代表我們自身的兩面性？還是前世的我們？未來的我們？當我們在尋求個人療癒或其他獨立體驗時，可以依靠塔羅牌發揮最大的功效。請允許自己接受並反思這張牌的二元性。

｜連結聖杯二｜

請練習觸碰。記得，肢體接觸並非只是愛的語言，更是人類基本的需求。而且這種接觸也可以是自己給自己的，誰說你不能在漫長的一天後幫自己按摩雙腿呢？如果你剛好有另一半——無論是戀愛還是柏拉圖式關係——願意在你面對困難的對話中握住你的手，或將自己的肩膀騰空出來讓你依賴，那就接受吧！

｜進一步反思｜

請你思考究竟是誰佔據你生命中最親近的位置呢？誰能讓你完整地敞開心房？這是你給予最多關注、情感與情緒價值的靈魂。請你闔上雙眼，或輕柔地瞇著眼睛，進入冥想狀態，想像這些人出現在這個冥想的空間。他們有多靠近你？他們是否站在中間，協助你保持平衡？請你深入自己的直覺意識。你有從他們身上感受到任何能量上的阻礙嗎？請感受一下你們兩者之間細微或明顯的差異。

★ 我的情緒｜聖杯三 ★

幾杯龍舌蘭蘇打後，
還有起司殘留在我嘴角，
感謝偽裝成披薩的救世主，
提醒了我，我也是個人。
我還注意到身邊的朋友，
嘴唇上同樣沾滿著油脂，
願意見證那個我願意成為的模樣。

｜關鍵字｜

真摯的友誼、我們自己選擇、凝聚而成的家人、歡樂慶祝及分享體驗、兄弟姊妹情誼、神聖的連結

｜意義｜

你還記得跟好友們喝著美味的瑪格麗特（或吃著特濃起司披薩），然後大家一起捧腹大笑的時刻嗎？或許天氣剛好不錯，你看著剛下山的太陽，回憶起過去某天類似的傍晚？各種不同好笑的故

事，還有互相戲謔捉弄，讓此起彼落的笑聲及談話聲跟飲料一樣源源不絕，這恰好就是理想的聖杯三時刻。這張牌是一張團體牌，鼓勵我們慶祝各種生活小確幸。

聖杯三代表著那些毫不遲疑就會出現在我們身邊的人際關係。他們為我們的成就及榮耀時刻而驕傲，也不會錯過任何聚會，當這些人聚在一起時絕對會相當輕鬆、歡樂而無憂無慮。他們之間的默契唯有透過時間的堆疊與真誠的親密感才能獲得，而這份連結必須永久珍惜。

這張牌不只代表友誼關係，也包含那些讓我們感到最安全的群體。在這張牌的體驗中，任何屬於自己圈子裡的人，包括身心靈圈子（指導靈及祖靈），都能佔有一席之地。這群人不會對你有所期望。跟他們在一起時，你能夠放下任何自己必須如何的期待，因為正是你的不完美才讓你們相聚在一起，碰撞出友誼的火花。

｜連結聖杯三｜

請向你信任的友人傾訴你的脆弱，至少擁抱個幾秒鐘，發送一則讚賞對方的訊息，或者望著對方的雙眼。在他們需要時出現，如同他們也是如此這般地支持著你。

｜進一步反思｜

請寫下你的反思：

- 對你而言，「兄弟姊妹情誼」意味著什麼？

・我們之間的神聖連結，為我提供了哪些我無法獨自培養的事物？

・我在他們每個人身上所看見的美，如何反映出我內心的美？

★ 我的情緒｜聖杯四 ★

是逃避還是不滿？

感覺是逃避。

畢竟如果我看著我愛人的雙眼，

我絕對不會告訴他們要拖延或妥協。

｜關鍵字｜

停滯、漠不關心與冷漠、缺乏靈感、單調

｜意義｜

聖杯四顯示出無聊的感覺，這是繼聖杯二及聖杯三之後令人不快的冷漠能量。然而，快樂的時光終究會有個盡頭，對吧？

聖杯四並非全然負面的，單純就是一股令人不自在的安全感。就像是自動駕駛模式，沒有驚豔，也不會讓人感到困擾，只是不知道要把心力放在哪裡。這就是水元素恢復平靜的時候（在塔羅牌中，數字四永遠是安穩的狀態），可以說是……嗯。就這樣。我們的情緒其實就像一潭深水，可以帶來無盡的高低起伏，而這樣極端的來回十分累人。假如你抽到這張牌，它在提醒你不要被高潮低落來回拉扯，反而該坐下來，反思自己目前的情緒狀態。

問問自己，**對於目前這樣的無聊狀態，我感到安全嗎？我該如何達到情緒平衡呢？**情緒的灰色地帶可以暫時讓我們喘口氣，直到它不再如此。我們也必須憑直覺判斷這種冷漠是否源於自己不夠感激或滿足，是否還有其他部分需要去探索或自我要求？還是我們的內省過於表面？

連結聖杯四

在試圖深入更深層次的情緒前，如果那份情緒感覺遙遠，甚至不真實，不妨先甩開那些讓你感到冷淡與漠然的沉悶碎片。你甚至不需要命名它或順從這種無聊感，就能夠將其釋放。

你可以嘗試用喜悅呼吸法（Breath of Joy）來突破聖杯四。這是我喜歡的呼吸技巧，透過宣洩釋放幫助我回到自己以及自己的能量。

1. 開始前，雙腳打開與臀部同寬站立，膝蓋稍微彎曲，雙手隨意輕鬆擺放。吸氣時，分三次吸氣，每次吸入三小口氣，直到你吸滿為止。吐氣時，請一口氣大口地從嘴巴吐出來，完全釋放。

2. 現在，我們要加更多動作。第一次吸氣時，手臂張開，呈 T 字形，將手指都伸直。第二次吸氣時，將伸直的手臂往天空的方向伸展。第三次吸氣時，從伸直的姿勢回到一開始的 T 字形，從你的身體兩側伸展出去。
3. 吐氣時要全然地釋放出來。讓頭部與脖子放鬆，彎曲膝蓋，雙臂下垂直到手指輕掃過地面，溫柔地將膝蓋彎曲更多一些。每一次吐氣，讓停滯的能量釋放，讓自己更深地沉入當下；每一次吸氣，重新迎接並感受清新的生命能（prana）與內在的喜悅。當你練習的時間越久，身體就越能夠感受到活躍的能量。當你需要休息及重新連結時，就將雙手放回身體中心（一隻手在肚子的位置，另一隻手在心臟的位置）。

｜進一步反思｜

選一首你愛的歌曲，一首能讓你真正感受到情緒流動的歌。在你的日記本上，針對以下的提示書寫，從頭到尾寫完整首歌的時間：「在這裡（我的周圍環境、人際關係、興趣愛好中），我發現自己感覺更加清醒、更有挑戰性、更有靈感、更有活力……」

★ 我的情緒｜聖杯五 ★

起初緩慢而悄無聲息，如此順利，

讓我誤以為自己才是在奔跑的人。

突然間一陣衝刺！你已不在。

正是在這種空虛感中，

我才明白悲傷到底是什麼感覺。

｜關鍵字｜

沉重感、悲傷、悲痛和哀悼、離開、後悔、隔離和孤單、分離

｜意義｜

我將這張牌與內心的空虛感聯繫在一起，有時候我們會遇到一些突如其來的狀況，當下的身心靈狀態無法背負這種沉重感。然而，這也激起我們的力量及韌性，讓我們能夠扛下這段經歷，並繼續向前進。

即便這張牌充滿負擔，但是當我們從王牌到 10 的週期中跨越了這個痛苦的門檻後，就能夠迎接即將到來的黎明曙光。儘管目前處於令人不適的情境中，聖杯五表明當淚水乾涸時，和平與機會將隨之而來。然而，此刻情緒的深淵難以窺見底部。請溫柔地提醒自己，不必急著對這段經驗下任何評語。

｜連結聖杯五｜

感受當下。這裡的練習重點在於體驗並駕馭你當下所經歷的每一絲情感波動。雖然你可能並未選擇經歷聖杯五的能量，但不可否認的是，你需要臣服於它。你的任務是，每當想到這個主題時，讓情感在你體內擴展，並流動於整個身心。允許淚水自然滑落，不加抵抗。請記住，走出黑暗的唯一途徑就是穿越黑暗。就我們的生命歷程和靈魂之旅而言，這些都是我們在抵達高峰之後（或之前）偶爾會跌入的低谷。

｜進一步反思｜

在日記本中，寫下兩個清單。第一個清單，列出那些你曾以某種方式哀悼的空間、人物和時刻。第二個清單，則列出為什麼現在你能接納自己仍會有這樣的感受。

★ 我的情緒｜聖杯六 ★

用心傾聽祖先的聲音，
在夜空中尋找他們的足跡。
帶著敬畏凝望他們的光芒，
呼喚他們，聆聽隨之而來的回聲。
從那些已無法為自己發聲的靈魂中
汲取力量，
好好療癒你的前世。

｜關鍵字｜

純真、天真無邪、童年、回憶、懷舊、前世

｜意義｜

在這個循環中，一股甜美而懷舊的能量以溫暖與真摯之情迎接我們。這張牌可以有多種詮釋，其核心在於對過往的清晰呈現，而我們可以自由地運用直覺，去探索過去如何影響或激勵我們當前的行為。正如牌面所繪，一個小孩獻上他摘來的花，我們可以在簡單的小舉動中找到美好，在生活變得複雜、沉重或嚴肅之前，總是有一些深刻且充滿意義的小事情讓我們心滿意足。聖杯六反映出我們的內在小孩、我們的純真以及我們的前世記憶。這張牌可能象徵一場實質的旅程，要我們回到自己所熟悉的成長環境，或者指向靈魂依稀記得的前世記憶。

連結聖杯六

今天做點孩子氣的事情吧！如果你覺得連結小時候的自己稍微不自在，那就選擇一個能喚起懷舊情感並充滿好奇心的年齡階段（以我來說，就是青少年時期，當時的自己既搞笑又瘋癲，但同時也有自己堅強的一面）。接著，跟那個時候的自己互動。聽聽當年你在自己的第一輛車上從車窗放出來的音樂，或者做一道你和大學室友常吃但可能不太健康的食物。做一些能夠讓你想起那段還不完美的人生階段的事情。

進一步反思

試著探索你對「天真」的想法。當你對某件事一無所知時，你會感到自在嗎？還是會出現抗拒、不安，甚至覺得自己太過赤裸？持續寫下你的感受，直到你能開始認同——天真與純真，其實也象徵著開放、柔軟，和孩童般的好奇心。

★ 我的情緒｜聖杯七 ★

我們的靈魂比肉身經歷的更多，
但身體卻承載著每一次經驗，
並為它們提供一個家。
難怪有些情緒和反應會讓人感覺突兀、
陌生或疏離……
就像陌生人一樣。

｜關鍵字｜

解離、扭曲的情感濾鏡、多種選擇、斷絕連結、幻覺、想像、沒來由的情緒狀態、對機會的不確定性、不堪負荷、癡心妄想

｜意義｜

這或許是聖杯牌組中最複雜，也最具挑戰性的一張牌，帶來陰暗與不安的感覺，讓人感到忐忑。我們彷彿正凝視著機會的深淵，而想像力和不確定性正逐漸輾壓我們。什麼是真實？什麼是幻想？我真正嚮往、渴望的是什麼？我希望從人生中獲得什麼？是從我的人際關係中？還是從我自己身上？我是否帶著偽裝？正如我在前面的章節中提到，數字七象徵自我意識，而這張牌也是如此。

傳統上，牌面的角色其實並非真實人物，而是一個黑色剪影，望著面前七個漂浮在空中的滿溢的杯子。問問自己：在當下的經驗中，我是誰？我是否失去了與自我的連結？剛好利用這個機會找尋內心的真相。在努力追逐目標、試圖建立連結的過程中，我們有時會無意間失去與內心深處的連結，而這種狀態只能透過自我探究來修復。如果你抽到這張牌，請放慢腳步，暫時抽離當下的狀態。放下手上的事情吧！我經常以自助餐來比喻這張牌。當你飢腸轆轆地抵達自助餐餐廳，準備大快朵頤，面對眾多的選項感到既興奮又有些不知所措。沒過多久，你已經吃得飽飽的，對味道麻木了。但奇怪的是，你依然渴望更多感官享受，還是硬塞著把甜點吃下去。

別誤會我的意思，面前有選擇確實令人興奮又充滿誘惑，有時甚至是必須的，但也可能讓人分心或逃避。你長期以來尋找的答案或許隱藏在這些不同的道路和選擇之中，但相信我，你的內心如明鏡一般清澈。

｜連結聖杯七｜

開始大掃除，無論是人際關係還是身邊的雜物。暫時將社群媒體放在一旁，注意一下在日曆上所標註的工作項目。花個十五到二十分鐘整理一個讓自己能夠徹底放鬆、釋放心靈和情感的空間，例如臥室或創意工作區。

｜進一步反思｜

在日記中，用七句簡單的個人真理來重新穩定自己的心，每一句都以「我知道」作為開頭。例如：「我知道自己是一個充滿愛心和善意的人。我知道我值得擁有互相回應的關係和能量。」

★ 我的情緒｜聖杯八 ★

今天，終於是要放手的那一天。

我希望你知道，我一直都堅持不懈，

全力以赴。

｜關鍵字｜

投降、斷絕連結、情緒釋放、帶著力量撤退、離開，擺脫困境、勇氣、情感力量

｜意義｜

當我們開始要遠離某些人事物時，這張牌就會出現。我們可能在某個人、某個目標或某個地方投入大量的時間和精力，但當弊大於利時，我們再也無法自欺欺人。這張牌傳達了一個教訓：當我們意識到某些人事物並未、也永遠無法完全滿足我們時，我們就要舉

白旗了。我們超越過去的自己，已經長大了。我們也得到療癒了。這種成長並非他人所賦予，而是你自己的努力，這正是這張牌最吸引我的地方：它代表一個自我賦權且完全獨立的選擇。在聖杯八的啟示中，我們常常感到失去連結，彷彿處於與世界隔絕的過渡期，但我們相信自己，確定自己的能力絕對能夠發掘更多深度與快樂。請牢記，在這脆弱的時刻，這種信心和堅定將成為你的巨大力量來源，真正的自信便是力量所在。

｜連結聖杯八｜

選擇舒適的坐姿坐下，讓身體穩穩地接觸地面。雙手合十，輕輕地揉搓。閉上眼睛，想像你想要斷開連結的人、事、物就在掌心之間。接著，將左手輕放在心臟位置，右手掌則往前伸出。再度將雙掌合攏，繼續揉搓以產生更多的熱能與能量。重複這些動作。這個過程能夠清理能量線，幫助你擺脫不適的根源。再次揉搓雙手，感受那股能量流動，並重申分離的意圖。對自己默念以下短語：

- 「這是屬於我的（左手放在心臟），這是屬於他們的（右手伸出）。」
- 「這是我願意承接的，這是我不願承接的。」
- 「我在這裡，而那股能量在那裡。」

重複多次，直到你感覺已經完全斷開這股能量了。

| 進一步反思 |

使用以下引導句，連結到未來的自己並與他交談：「未來的我，我想跟你分享，生活將會變得多麼美好……」。

將你的回應視為一種宣言，承諾你將持續練習臣服於（並信任）未來的自己。向自己保證，你將繼續尋求你夢寐以求的一切！

★ 我的情緒｜聖杯九 ★

靈性力量和指導靈都希望你明白，
即使你只是在追尋一種感覺，
你的夢想依然是有意義的。

| 關鍵字 |

情感上的圓滿、喜悅、慶祝、美夢成真、滿足、成功與成就

| 意義 |

這張牌將我們帶入一個洋溢著喜悅與真誠自豪的時刻。這並非

那種高調、喧鬧的驕傲，而是一種低調而內斂的自豪。它散發著溫暖的光芒，即使是在街上與你擦肩而過的路人或在咖啡店偶遇的人也能感受到。

「哇！他們自身帶著很棒的能量！」他們或許會這麼說。

你可能會問，自己是如何有這麼棒的能量？那是因為你跟隨了讓你情緒上感到圓滿、滿足的事物。你耐心地順應聖杯週期的流動（或者逆流而上），經歷了這個過程中的低谷和迷惘，現在已達到了平靜的巔峰。你允許內心、直覺和同理心引領自己，也領悟到生活的真諦：知足。

聖杯九通常都是有收穫和獎勵的。這張牌往往會帶來一份禮物、成就或願望的實現，使這張牌變得幾乎無可挑剔。它助長我們內心深層的自豪感和成就感，讓我們可以放鬆休息（傳統上，牌面的人物是坐著的），並享受應得的全體支持。這張牌也象徵派對和慶典，當然也會有各種歡呼和慶祝！最引人注目的是，牌面上的人物通常是獨自出現的。這段經驗因與他人共享而變得更美好，即使只有自己一人慶祝，也依然感到無比歡欣。

｜連結聖杯九｜

設定一個「ME day（只屬於我的日子）」。在心理自助和自我提升領域中，這已經成為一種潮流，身為一個極度 I 人[17]的我，

---

17 譯註：內向的人。

對此深有共鳴。

「Me day」這個概念是要你花一整天的時間，來做些能夠帶給你快樂的事情。從早餐開始，一直到夜間的最後一刻，你的穿著、活動、飲食、娛樂，全部都依照你內心深處的渴望來安排。你的每一個選擇和決定都為內心帶來滋養，讓你自然而然地感受到打從內心散發而出的滿足感，使每個瞬間都成為難忘的回憶。

先將自己的杯子倒滿並非自私的行為。事實上，在你實現聖杯九中所追求的那份永恆夢想之前，這是必要的。對自身的成就和所得的祝福感到滿足與驕傲，而不是一味追求更多，這種愜意和滿足的美好感覺，絕對值得我們慶祝。

｜進一步反思｜

請試著回答這個提問：「我曾在什麼時刻、什麼地方，真切感受到靈性與宇宙向我展現祂們的存在與支持？」

持續寫下去，直到你覺得完整並再次與喜悅連結。根據這份清單，進一步深入探索，將你對塔羅牌的理解融入寫作中：「在這段旅途之中，我經歷了哪些具體事件、回憶以及特定的牌卡或旅程篇章，才走到今天這個位置？」

提示 如果在思考過程中感到困難，請對自己保持耐心。要記住所有七十八張塔羅牌的含義需要時間。隨著不斷地練習，你會漸漸發現自己能夠識別出「牌卡時刻」——那些能讓你聯想到特定牌名的情境與時光。從你第一次拿起牌的瞬間，你就已經是一名塔羅占卜師了，但當你開始在現實生活中運用這些牌，並看到它們在你周圍的生活中顯現時，你會感覺自己成為了一名更有經驗且更專業的占卜師。

★ 我的情緒｜聖杯十 ★

今天冥想時，
我發現自己站在母親的藥草園旁，
就是種在紗窗門廊外的那一片。
在我的記憶裡，
我經常盡量不回這個家，
但我的內在小孩拉著我的手，
把我帶到那裡。

她開始跳舞，
為她身上的花裙子和同款式的髮帶感到無比自豪。
她那灰褐色的鮑伯頭髮

像裙擺一樣輕輕搖曳。

但後來，我注意到我的父母，
他們看起來跟我記憶中的模樣不太一樣。
他們看起來很放鬆，沒有壓力，也沒有怒氣。
他們的目光全神貫注地放在我身上。

當我跳舞時，他們為我歡呼。
作為一個旁觀者看著這個家庭，我感到無比喜悅。
看到我的父母為那五歲小孩喝采，而不是彼此恐嚇或自我傷害，
這是我在冥想經歷中最療癒的片刻之一。
就在那裡，那片藥草園旁邊。

｜關鍵字｜

幸福、福氣、療癒的連結、和諧、安全感、情緒上的安全、健康的家庭、安定富足的家、回家、穩定的關係、長期的夥伴關係、祝福

｜意義｜

傳統上，這張牌象徵典型的「白籬笆」式生活樣貌——有小狗、有孩子，遠處有一間溫馨舒適的小屋。我承認，這樣的意象確實美好。然而它缺乏包容性，也不符合更現代的生活方式選擇，這些生活方式質疑並打破我們祖父母那一代的社會標準。

拋開傳統和過時的幸福美滿描述，轉而將焦點放在這張牌的能量和情感層面，我們可以感受到和諧穩定的家庭，以及從選擇家庭（沒有血緣、法律關係的人在一起，互相支持）擴散到社區的療癒力量——這份強大的愛如此豐盛，能夠超越並鼓舞那些尚未遇見愛的人。說實話，我們難道不需要這些可能實現的畫面，來讓我們持續追求治癒的旅程嗎？我們熱愛讚賞並欣賞各種成功故事，像是白首偕老的夫妻迎來曾孫的誕生，或是歷經不孕之苦終於懷孕的母親。

我們不斷努力與過去達成和解，並學會原諒自己曾經的經歷。聖杯十提醒我們，不要限制未來的可能性。它讓我們相信，深深的感恩、願望的實現以及幸福的生活，並不僅僅是用來推銷浪漫喜劇、說服我們嘗試新約會網站或投資某些過多承諾的教練計畫的口號而已。我們心中明白什麼才是真正的渴望，以及**回家**的感覺。我們理想的生活，無論是否包含白籬笆，或是駕駛豪華油電SUV載著孩子去踢足球，都應該由我們自己去創造、實現並決定。

連結聖杯十

進入冥想，為你和內在小孩創造一個安全的空間。當你覺得時機成熟時，邀請你的內在小孩一起加入你。跟他們一起玩耍，問他們害怕什麼、喜歡什麼，真誠地跟彼此交流、對話。我透過直覺練習，學會了讓他們引導對話，因為在某些方面，他們往往比我們更有智慧。用最真誠、可信賴的語氣來回應他們。你可以在心中想像這一幕，或者將你與他們的對話記錄在你的日記裡。向他們解釋一些他們還未經歷過、可能還不理解的事物，並表達你的愛意，讓他們知道自己是多麼被珍愛。讓他們知道，隨著時間推進，一切會走向何處。

｜進一步反思｜

冥想結束後，回想自己是如何與內在小孩進行對話，你如何安慰他們，還有他們的能量在哪方面帶給你驚喜。寫下一至三種方式，說明你今天將如何以溫柔與同理來「陪伴並照顧」自己。思考這些方式會如何幫助你未來的人際關係和伴侶關係。

★ 我的情緒｜聖杯侍者 ★

孩子，在這和善、溫柔的世界裡，
我希望你也有第二次機會。

人格特質：夢想家、豐富的想像力、敏感、未經雕琢、藝術氣質、愛探索、重視體驗、討人喜歡、真誠

意義

聖杯侍者如同聽見靈性覺醒時的細微耳語，象徵內心最敏感、最富同理心的那位內在小孩。侍者牌往往象徵我們最能夠自然表達自己、充滿好奇心並從中學習的性格面，而這位聖杯侍者的自我成長正是藉由直覺藝術來實現。通常以做白日夢、幻想或藝術形式呈現，這個角色帶有一種天真甜美的感覺，也可以說是純真，這種開放的心態實際上是一種天賦和智慧。當這張牌出現在占卜中時，提醒我要重視某個人的感受（可能包括他們受傷的內在小孩），這些人表現得安靜內斂，以同理心直覺回應周遭的人與生活，然而他們真正渴望的是被愛、被珍惜和被關注。

在塔羅牌中，侍者的能量與王牌能量相似，象徵我們有機會通過喜悅和玩樂來創造、顯化並表達我們的直覺與最大願望。或許，當我們接納這位敏感的角色時，宇宙的魔法能更自由地流動，讓我們的生活以想像力為導向，而不是被限制束縛。

聖杯侍者的引導

做場白日夢吧。找到一個能讓你感到平靜的場所，最好是在大自然中，讓你的思緒自由漫遊，進入白日夢的狀態。你或許還記得在本章開頭，我提到過自己在淋浴時透過做白日夢和不帶雜念地觀察內心思緒，得到有關水元素的「領悟」。侍者對我們日常生活中的幻想和夢境般空間有著極強的共鳴，藉由融入藝術家的思維，並體驗各種形式的美，你將能達到更深層次的體悟與欣賞。

｜進一步反思｜

寫下一個清單：

- 我在哪些領域和空間會變得特別敏感？
- 我會有這樣的反應，是可以被理解與接受的，因為……

寫完後，對自己重複以下話語：「你有情感，你可以安心地分享你的感受。你有感覺，你可以對他人表達這些情感。你正在成長，因此一切會不斷地變化。你的身體、思想和心靈都在進步。你是被接受的。你被愛、光明與包容所環繞。你是獨一無二的，你是有價值的。做自己是安全的。」

★ 我的情緒｜聖杯騎士 ★

帶著自愛的鎧甲武裝自己，
我成為捍衛自我價值的戰士。
只為了讓你來拯救我，
卻也正好，讓你不必再這麼做。

人格特質：浪漫、脆弱的靈魂、良善、藝術守護者、健談、美麗

｜意義｜

這張牌帶著一顆溫柔的心靠近我們，展現出愛情與浪漫的姿態，是許多人在愛情與關係占卜中最喜歡看到的宮廷牌之一。我欣賞這張牌是以感受為基準採取行動。騎士象徵著我們邁向目標或承諾的方式、方向和速度，而這位騎士則以華麗、優雅、輕鬆的姿態前行。不論你是感受到內心的浪漫，還是因內心的脆弱而感到尷尬或不適，這張宮廷牌提醒你，欣賞自己的內在美，並勇敢地與他人分享這份美好。它可能也暗示你注意生活中某個受到內心驅動的領域，或是一個帶著溫柔情感與意圖接近你的人。無論在什麼狀況下，請繼續行動並回應任何愛與善意。

｜聖杯騎士的引導｜

每當這張牌出現時，我總是告訴客戶：「讓生活浪漫一些」。成為自己故事的主角，讓自己回到最放鬆的姿態！在你的空間點上蠟燭，為自己買束鮮花，煮飯時放點性感的音樂，隨著節奏擺動屁股。無論是和伴侶製造點小浪漫，還是獨自享受生活，這種強烈的表達和對美的欣賞會滲透到你生活的各個角落。這張牌是在提醒你，如果生活中缺乏享受、快樂，或是偶爾的小悸動，那還有什麼意義呢？

｜進一步反思｜

在日記本上，回憶過往因為愛而做出的決定。接著，反思這句話：「當我帶著愛的意圖時，我體驗到了……」

★ 我的情緒｜聖杯皇后 ★

在她的頭頂上方，
有一道巨大的光之通道
延伸至天空，
輕而易舉地將她與源頭連結。
她本身就具有通靈的能力。

人格特質：女性化、直覺、同理心、母性、慷慨、療癒者、創意、柔軟、欣賞、優雅

｜意義｜

當這位母親原型人物出現在占卜中時，我對她與神聖女性能量及自然療癒之間的巨大連結感到尊敬與欽佩。母親的宮廷地位（皇后）與最具女性特質的水元素相結合，創造出充滿活力且情感深邃

的第三眼連結。這位皇后直覺特別敏銳，也是優雅與高貴的完美化身。透過連結藝術和無條件的愛，當然還有通靈的智慧，來分享她的療癒力量和洞察力。由於她具備極高的同理心，她必須回來關注自己的情感，因為她不斷承載並滋潤每個與她相遇靈魂的情感。她能迅速吸收並感受那些不一定屬於她的情緒與能量。對她來說，療癒是一種自然的天賦，因此我們經常看到她以療癒方式、靈性領導或照顧的形式引導他人。當她出現時，或許我們的精神與直覺連結會被喚醒或強化，或者我們正遇到一位靈性導師，帶領我們邁向最敏感與神聖的本質。

聖杯皇后的引導

測試並驗證你的直覺力。向靈性世界請求一個可以作為確認的暗示（任何暗示都可以！）靜下心來感受這個暗示是什麼。也許你會閉上眼睛，並信任在寂靜黑暗中所出現的第一個線索。常見的暗示有動物、特定的花朵，或任何對你有意義且獨特的事物。這個暗示是你與你的靈性團隊之間的默契語言。

當你接收到時，你會相信這個暗示嗎？你會尊重它嗎？聖杯皇后深知她與神靈之間存在著共同創造與溝通的連結。她敏銳地察覺自然流動中的微妙魔法，並擁有足夠的信心去請求她所需要的事物。

進一步反思

作為一位神祕主義者，這位水元素之母天生與潛意識相契合，具備療癒萬物的能力，並能在各種事物中找到直觀的清晰洞察力，包括她的夢境。每天早晨，記下你的夢境細節。相信自己，也相信內心的智慧能將這些片段串聯起來，進而揭示一些唯有透過直覺才能感受到的靈性訊息或療癒啟示。

★ 我的情緒｜聖杯國王 ★

我知道自己已經蛻變，
因為如今當我感受到他人的破碎時，
我內心曾經破碎的部分
不再渴望拯救他們。
我並不會衝動地想停留在他們身邊，
在修復過程中提供安慰。

我不再冒著被碎片割傷的風險，
但我願意幫他們找到掃帚。

人格特質：成熟、重視家庭、睿智、開放、負責任地自我療癒、提供者、信任他人、值得信賴、明智、穩重、陽剛、令人安心

｜意義｜

這位國王善待他的宮廷成員，樹立情感成熟的典範。他溫和且穩重，他的存在不會壓迫或消耗他人的能量。反之，他安靜地維繫

著生命中的每段關係，為每一個與他相遇的人提供輕鬆、自然且充滿愛的氛圍。他是一位慈善且好客的人，可能表現得有些害羞或說話輕聲細語，但他所展現的優雅無人能及。聖杯國王珍視人際聯繫，他最令人欽佩之處在於，他能同時具備深厚的同理心與慷慨、保護他人與保持界線的能力。

當他在占卜中出現時，你應該意識到，你正以健康的方式來促進你的各種關係發展。當詢問戀愛對象時，這是一張非常理想的牌，因為它體現了一種真誠和帶有智慧的理解，深刻了解與他人共同成長與承諾所需要的努力。這位國王反映出你努力在內心培養的自愛能力。除了伴侶關係之外，這張牌也可能激勵你去探索或實現你在藝術或療癒方面的天賦，因為聖杯國王天生是一位空間守護者和富有創造力的遠見者。

｜聖杯國王的引導｜

花點時間凝視你所愛之人的雙眼。選擇一位對象（或鏡子中的自己），坐在彼此面前。注視他的雙眼，並好好觀察。在有意的凝視中，你會發現什麼、感受到什麼、看到什麼、體驗到什麼？安靜地相處，直到雙方覺得舒適為止（可以試試保持一首歌曲的時間），為此刻的你們兩人創造一個充滿愛與脆弱共存的空間。

｜進一步反思｜

問問自己最近的情緒調節和穩定度，並用數字一到十來評分。一代表情緒調節最差且極度失衡，十則代表極度平衡且感到非常安全。

把這個數字寫在日記頁的開頭，然後花些時間在安靜且誠實的狀態下書寫。記下你如何繼續為各種人類情感保留空間、如何創造更多的平衡，以及如何重新承諾（或持續對齊）內在情感的平靜。將這些想法寫成對自己的承諾，就像在對一位成熟健康的伴侶許下誓言。

Chapter 9

寶劍牌組：我的聲音

寶劍牌組與風元素對應，要求我們對自己徹底地坦誠以對。它促使我們專注於與他人溝通的方式、我們的知識與學習、以及思維和自我對話。針對這套牌組所掌管的體驗，我的建議十分簡單：「寶劍主宰肩膀以上的一切。」因此，請將寶劍與你身體中掌管言語、思想以及頭腦清晰度和意識的部位（如脖子、嘴巴和頭部）連結起來。思想和言語，簡單明瞭，對吧？

理論上是如此。

我想我們都明白，與他人保持有意識的溝通——更不用說與自己進行持續的心理對話——絕非易事。就像我們無法為每個想法留出足夠空間時，倉促解讀牌卡就會讓訊息變得混亂。當我們沒有時間進行充分的解釋和反思時，就會感到與自己或他人脫節。我們的思想既可能是最大的敵人，也可能是最好的盟友。

寶劍牌組很容易成為四個花色中最具威懾力的牌組。這是因為它們通常非常精準，直搗問題核心，並以公開、誠實且不帶玩笑的口氣探討主題。寶劍不會粉飾事實，使得某些占卜者常常無法直視這副牌組。寶劍牌已經準備好迎接各種挑戰，每次所帶來的訊息都真實無比，一旦連結上了，幾乎無法逃避。寶劍牌是透過精準的指引來促進及擴展我們的成長，因此要明白，從這套牌組中所接收到的「嚴厲之愛」，是在提醒我們那些還需要療癒的空間。牌中的人物並非用寶劍來破壞，而是清除那些限制你的潛能，讓你陷入困境的障礙與干擾。

真相總是令人痛苦，卻也帶來自由。在療癒過程中，我很快發現，當我越誠實面對生活中的痛苦，傷口癒合得就越快，也不再癢到令人難受。當我挑戰自己變得更加脆弱和坦誠時，我感覺力量回到了我身上。例如，我不再焦慮不安，而是選擇真實地分享讓我困擾的事情，結果發現它的重量變輕了許多。這也是為什麼文字和故事成為我分享的核心，並吸引我轉向探索塔羅牌。整體而言，寶劍牌讓我感受到一股原始的力量，特別是它所自帶的坦率與透明。

我有兩段特別清晰的回憶，都是透過寫作，讓自己的聲音被聽見，而在我說出真相後，整個人的感受就變得截然不同。第一次是在我高中時期，那時我翹課的頻率遠超過我完成作業的次數。唯一的例外是英文課，因為我認為這門課值得我花時間去學習。在那堂課上，我寫了一首詩，內容是關於我曾居住過的所有房子。詩中鉅細靡遺地描述了我和母親居住的空間，以及每個空間的室內設計主題。我寫到了這些房子如何為我們提供某方面的支持，同時也在其他方面帶來了痛苦。我還描述自己如何以及在哪些地方找到家的感覺，以及當一個人與自己失去連結時，要在某個具體的地方找到安慰有多麼困難。我的老師斯瑪特[18]夫人（沒錯，這確實是她的名字）看完後告訴我：「這是妳寫過最好的作品，我希望妳知道它有多麼強大的力量。」當時我已經因為寫下這些內容感到自豪，而她的讚美更讓我在分享這段內在經驗時多了一份踏實與欣慰。

不到兩年後，我十九歲，坐在一把搖椅上，手裡握著一疊在大學圖書館列印的雙倍行距稿紙。那天早上，我帶著這疊紙張和虛弱的身體前往一個專門針對飲食失調的密集門診計畫接受治療。我們每天都會聚集在一起，每週會由一位成員分享他們的生活故事。那週輪到我了。這些紙上承載了我從以前到現在的人生經歷。治療師建議我們以書寫做為情緒抒發的方式，他們也向大家保證，如果我們允許自己被看見、被聽見，並且欣賞我們所克服的一切，這會釋放掉我們身上的壓力。他們希望我們的言語能提醒自己，我們比削弱心靈能量的飲食失調症要強大得許多。

我在宿舍裡花好幾個星期寫我的故事，享受每分每秒的寫作過程和暢快的釋放感。小組裡的大多數人通常會分享兩到三頁的內容，概述他們的生活時間軸和重要經歷。他們會告訴大家他們在學校所參加的校隊、兄弟姐妹的互動、過去的感情關係以及他們錯誤

---

18 譯註：斯瑪特原文為Smart，意思是聰明。

的職業選擇。然而，我很快就寫滿了至少十頁，裡面充滿了故事、回憶和隱喻。我不確定是因為我真的有這麼多話想說，還是說出來讓我的內心感到釋放。我迫不及待想要把所有的話都說出來，希望我能夠因此重新學會愛自己，並再次用同樣的嘴巴好好吃頓飯。

當我對著小組成員大聲朗讀完我的自傳最後一句話後，我環視了房間四周。我的視線停留在那一雙雙的眼神上，那些目光讓我感到溫柔且被欣賞，既溫暖又堅定。我感覺其他人能夠真正地理解我，並透過我的經歷看見真實的我。他們也因此有所共鳴，並珍視我所展現的脆弱。此刻，我再次為自己寫下這本書而感到驕傲。

今天，我用塔羅牌來鼓勵徹底的坦誠和毫無修飾的對話。當我與某人面對面坐下，牌卡佈滿在我們之間時，我希望我們能正視那些困難的事情，或者像我們在靈性圈子中喜歡稱之為「陰影」的事情。我想了解這個人所討厭及所喜愛之物，也想鼓勵說髒話和有點太超過的笑話（畢竟，我們不需要對自己或塔羅解讀過度嚴肅。）

所有七十八張牌都能夠反映我們內在的力量，即便是像寶劍這樣看似尖銳的牌面，我仍將它們視為一種機會，邀請你觸碰自己內心深處最赤裸的那一面。這些真相可能會引起我們的不安，但同時也能啟發他人。它們深深觸動我們的心靈，同時帶領我們回到自我核心。

在本章學習寶劍牌組時，請留意你內心的聲音，並思考你用字遣詞的品質與精準度、你音調的呈現方式，以及你有多常創作音樂、分享故事，或是聆聽你那獨一無二的神聖聲音。唯有你才能如此真實地傳達屬於你自己的故事，因此讓我們透過這些牌，全心全意地聆聽這些聲音吧。

｜有關寶劍牌組｜

元素：風

脈輪：喉輪和心輪

時間與速度：一週

星座：雙子座、天秤座、水瓶座

季節：秋季

〔寶劍牌組是……〕

博學、真誠、靈活、邏輯清晰、機敏、反應迅速、擅長溝通、善於社交、注重細節、充滿好奇心、語氣坦率或直截了當

為自己占卜時

寶劍牌組傳遞的訊息有時候可能讓人難以接受。這組牌其實並非要嚇你（儘管有些心灰意冷的占卜師可能會不同意我的說法）。無論如何，這些真相終究會浮出檯面，而風元素旨在讓你快速意識到現實，幫助你在療癒過程中更加清晰地看見問題。它們的目的是來拯救我們，只不過方式稍微有些嚴厲。寶劍牌不會給你柔美婉約的詩詞，而是會直截了當地指出你生活中的問題，即使你企圖避開

或否認這些事實。

在我個人的塔羅旅程以及為他人占卜的經驗中，我注意到寶劍牌總是在恰當的時機切入解讀。這些主題可能會帶來一些不適，不過絕對值得我們去經驗。起初或許會感到痛苦不安，但當我們打破限制或突破僵化的思維時，最終會讓人感到自由。我也注意到，有時寶劍牌是在傳遞其他牌想傳達卻未被你接受的訊息。你可能在之前還沒準備好聽見這訊息，就如同緊急警報一樣，靈性最終透過這個嚴厲的風元素給予你直觀的提醒，而現在就是最好的傾聽時刻了。

為他人占卜時

將對話拉到更深入的層次。如果在占卜過程中，抽到了許多寶劍牌，請你放下表面的閒聊，讓討論的內容變得更加坦誠透明。寶劍牌要求你停止修飾由牌卡直觀引導出來的故事情節。你未經修飾的真實話語，可能正是對方需要聽見的明確確認。

要效仿這組牌的坦率風格，凡事就請開門見山吧！讓溝通內容簡扼明瞭，並為風元素的變動特質提供一些具體可行的方向，或者給出繼續前進的確認指令。請給你的客戶誠懇又印象深刻的訊息，作為他們最後的提醒。

塔羅牌之外

在生活與塔羅實踐中，保持好奇心。持續提問，成為世界的學生。你有改變方向或追求新興趣的自由，但風元素提醒我們，時間與空間稍縱即逝，所以探索的最佳時機就是現在。保持適應力，允許自己隨下一陣風或與陌生人的對話流動到命運的方向。

這組牌象徵永無止境的求知心，它們的語氣快速且機智。請你有意識地改變你的視角，參與具挑戰性的對話，並不斷地學習，你可以激發和運用寶劍牌擅長的口才與表達能力。

練習

我發現，練習積極傾聽其實與「保有空間（holding space，身心靈層面與某人同在）」的概念是相同的。相信我，外面有很多不善傾聽的人，而積極傾聽確實是一種需要掌握的技能！成為一個積極的傾聽者意味著你需要適應那些略顯尷尬的沉默，並為話語之間所伴隨的情緒提供一個富有能量的空間。這需要我們不要立即對問題做出反應、回應或給予解決方法。大多數的情況下，大家只是渴望被聽見和理解。作為成年人，我們常常會根據自己的判斷，來預期接下來應該接什麼話或問什麼問題，比如第一次約會時要問哪些「恰當」的問題。在塔羅占卜中，拋開那些社交禮儀，將注意力放在傾聽，讓自己全然參與其中，而不是在**當下**急於解決問題。將寶劍牌的精神和所象徵的直白率真納入考量，不要機械化地按照每張牌的既定解釋來進行解讀。首先，好好地傾聽，然後準備好說真話，純粹實話實說。這樣，你才能完成一場真正有意義的塔羅占卜，並為提問者提供有效的支持。

★ 我的聲音｜寶劍王牌 ★

當我們身體電流般地
活過來時所出現的
那些細微的顫慄，
還有斑駁的雞皮疙瘩，
彷彿是靈魂向我們發出的清晰訊號。

｜關鍵字｜

真相、清晰的思維、新想法、重啟直接的溝通、學習新事物

｜意義｜

寶劍王牌在塔羅牌中代表「靈光乍現」的時刻。它帶來一種強烈的確認感，促使我們對某個想法採取行動，或者踏上一條真實且具體的嶄新路徑。這張牌也是一個訊號，表示你已經清理了一些心理負擔並釋放了憂慮，現在你的思維可以進一步探索新的能量，可能是進步的、更具建設性和功能性的能量。

當有人在某個選擇上需要明確的確認或肯定時，我特別喜歡看到寶劍王牌出現。我特別喜歡洗牌時這張牌突然跳出來，因為這樣通常代表問題會被解決。如果你抽到寶劍王牌，請相信自己的溝通能力，並為自己能清晰地向他人描述願景而感到自豪。在對話中，你應該深思熟慮且有意識地對談，這股能量幫助你以清晰、有效且真誠的方式表達。如果你感覺自己的想法迷失在表達過程中，可以再放慢節奏，相信你會找到恰當的詞彙來產生影響。

王牌也預示著自己所期待的消息即將到來。可能是你將在收件匣中收到期待已久的郵件，或者是某位特別的人傳來的簡訊。在溝通中保持明確的表達方式和誠懇的態度，並對新想法和觀點保持開放的心態。

連結寶劍王牌

成為靈性世界傳達訊息的通道其實並沒有你想像中那麼困難。當你進入直覺和靈性工作時，設定意圖是這個過程中最關鍵的一步。如果你覺得思緒渾噩或雜亂，或是頭腦有太多訊息要處理，這裡有一個簡單而有效的練習，可以幫助你重新調整思緒。這個方法不僅適用於開始占卜前，也可以用於創作、重要對話或演講之前。

試試看……

1. 採取坐姿，保持脊椎挺直，頭頂向上延伸。身體放鬆，下巴也放鬆，肩膀自然下垂，感覺重量都在臀部和腿部上。
2. 閉上眼睛，想像一個光球在你頭頂上舞動。留意它的細節：顏色、形狀和大小。然後，向自己表達你的意圖，並將訊息傳送到漂浮在你上方的光球中。一個詞就夠了，比如「輕鬆」、「清晰」、「當下」或「淨化」。

3. 當你準備好時，讓光球墜入你的頭頂，慢慢經過你的第三隻眼、喉嚨（特別注意這裡）、心臟中心、核心和臀部。
4. 讓這個意圖穿越身體的每一個部位。想像一束雷射光束，這是直覺連結的象徵，從你的頭頂延伸到腳底。你是一個清晰、開放且能夠接收的通道。你的邏輯強大，但直覺更強。懷著這份嶄新的敞開，進入你的塔羅世界。

｜進一步反思｜

在日記和塔羅練習中保持扼要精簡。寶劍王牌到寶劍十的循環週期強調了溝通的重要性，因此你可以嘗試「少即是多」的概念。冗長且華麗的日記確實會有些療癒效果，但你也可以試試看給自己一個時間限制，用簡短的方式回答，看看會有什麼不同。例如，嘗試在一首歌的時間內寫完日記，然後把日記本闔上。

同樣地，塔羅占卜也可以如此。在接下來幾次練習時，挑戰自己只抽一張牌（對，就一張），特別是在思緒繁亂、難以平靜時。當你想同時解讀不同訊息和主題時，自然會想用多張牌來釐清，但這樣有可能會讓解讀更加混亂。你可以嘗試只解一張牌，可能會帶給你全新的見解。

★ 我的聲音｜寶劍二 ★

我用一隻拳頭，緊握著我的感情，
另一隻拳頭，則抓住著真相。
我出拳迅速，卻無法擊中目標。
當我張開雙手，只見手掌一片虛無。
我到底在尋找什麼？
我需要什麼樣清晰的思路？

｜關鍵字｜

猶豫不決、不確定性、陷入僵局、心理障礙、缺乏方向、目標不明、感到停滯不前、處於抉擇點、對立

｜意義｜

這張牌上可以看見兩把鋒利的劍交叉於一顆心的中央，象徵著情感與理智之間的流動被中斷，我們不知道究竟什麼才是對自己最有利的。猶豫不決的情緒悄然而至，使我們陷入困境，感覺就像是心靈與頭腦的連結被切斷了。雖然這種時候感到焦慮、困住或處在交叉路口是很正常的，但它仍然令人感到不適。當這張牌出現在占卜時，最好可以先暫停，跟你的身體、呼吸和情感重新建立連結，好了解這種「凍結」反應背後的原因。如果你的思緒四分五裂，現

在依賴它，真的符合你目前的最佳利益嗎？

當寶劍二出現在與他人相關的占卜時，這段關係目前可能處於停滯不前或僵化的狀態，且雙方在某個決定上存在分歧。給彼此一些寬容、空間和時間。在這種能量狀態下，強迫達成決定或和解只會加重壓力。

｜連結寶劍二｜

練習辨別兩種真相可以同時存在。多年來，我與許多客戶都有討論過這樣的觀念：一件事可以有兩個真實面相，也就是說兩件事實是可以同時發生——我們可以同時感到快樂和痛苦。我們可能已經「徹底結束」某件事，但仍然不願意放手。我們可以都是對的，並能與同樣也是對的人進行對話，即使彼此的感受不同。下次當你抽到這張牌時，花點時間思考自己在哪些地方感到矛盾，或者在察覺到生活中的不一致後，留意自己在哪些方面同時活在兩個真實面向中。

｜進一步反思｜

試著進行意識流寫作。這個練習大幅度地改變了我的人生，我只希望本書中各種提示和練習，能夠幫助你與靈性之間建立一種自然、流暢且充滿魔力的連結。

- 請設定一個意圖，靜靜地向自己（以及靈性）表達你希望從這次寫作體驗中獲得什麼。
- 先花點時間放鬆身體，調整呼吸。進入心流狀態時，我們需要讓身體和副交感神經系統徹底地放鬆和臣服。

- 設定計時器或用一首歌計時。開頭往往是最困難的部分，因此安排一小段時間來進行書寫是個很好的開始！
- 持續書寫，不要停。如果找不到適合的詞，還是要繼續動筆，甚至重複同一個詞「然後、然後、然後……」，直到下一個詞出現。
- 不用追求完美的字跡，自然放鬆即可。一旦你進入意識流或心流寫作的狀態，你的手會自動加速，跟上創造性的思維流動。相信我，絕對可以的。
- 讓思緒和感受片段、混亂地流露出來。當你之後回頭閱讀時，你絕對可以把寫下的文字像拼圖一樣重新拼湊起來。

★ 我的聲音｜寶劍三 ★

我的聲音在喉間顫抖著，
充斥著對你的輕蔑，但也格外刺痛。
這種震驚出乎我預料之外，
沒有言語，只有情緒。

「你怎麼敢？」我在心中震驚地問。
我的嘴唇靜止，保持緊閉。
神經飛速運作，反應迅疾。
我的眼神卻莫名地渙散，

冷靜而專注，凝視著那個我從未預想過的你。

是你揭露了真相，說出了這一切。

｜關鍵字｜

心碎、背叛、創傷經驗或記憶、苦澀的結局、不為人知的痛苦經歷

｜意義｜

這張牌不好寫。身為一位共感者，我整個身體會自然對圍繞在這張牌的悲傷做出退縮、畏懼的反應，讓我想起自己第一次心碎的經歷，從此認清了世界的真實面貌，清楚看見他人能夠傷害或背叛我們的方式。寶劍三的能量深刻地影響我們，觸及到那些深層痛苦回憶中難以抹去的痛楚，並在體內形成一種細胞記憶，成為痛感的基準點。

如果我們還記得前面數字命理學的章節，塔羅牌中的「三」通常是指他人在我們個人旅程中所給予我們的能量。不幸的是，在寶劍花色中，數字三可能暗示痛苦是由另一個人造成的。當他人向我們揭示或分享痛苦的真相時，感覺就像匕首刺入心中，正如這張牌的傳統圖像所示。日子逐漸過去，我開始明白寶劍三常常與創傷反應有關，這意味著實際的背叛可能不是當下發生的，但身體卻彷彿置身其中般地做出反應。當這張牌在占卜中如利刃般揭露時，我們的反應通常非常強烈，神經系統也一觸即發，進入高度戒備狀態，

最原始的情緒也會凌駕於理智之上。因此，當我為他人抽到這張牌時，我會問他們（或問牌）這種感覺是來自最近的痛楚，還是以新方式揭開的舊傷。

連結寶劍三

試試這個淨化心靈的練習：

1. 吸氣時，將雙臂展開成T字形，讓能量從每個指尖釋放。儘管這可能讓你感到赤裸且脆弱，但你的心仍要向上、向外延伸，勇敢地擴展你的能量，哪怕這種敞開感會讓你感到不安。
2. 吐氣時，彎曲手肘，將指尖拉回胸口中央，輕輕地觸碰肌膚並輕拍身體。
3. 再次吸氣，將雙臂再次伸展，帶入新鮮的能量。
4. 重複這個動作，在每次伸展之間輕輕拍打，最後閉上雙眼作為結尾。

當你進行這個動作時，讓任何不信任或怨恨的能量逐漸消散，並將這個動作成為你的療癒方式，釋放內心揮之不去的痛苦，將它從你身邊拉開，這樣你就能自由地迎接新的愛。

進一步反思

就像我為這張牌自由書寫的文字一樣，你也可以從這句話開始：「你怎麼敢……」。

順著你的直覺去追溯事情的發展過程，並注意當你在面對背叛時，你會選擇寫信給誰。

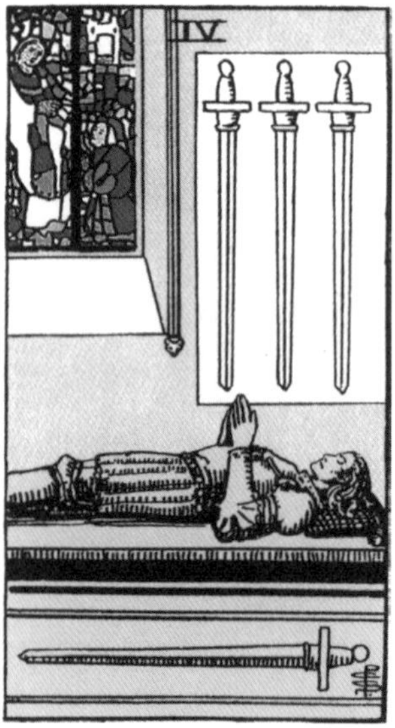

★我的聲音｜寶劍四★

呼吸。

限制你的呼吸，

限制你的休息，

就是限制你的生命。

懷著感恩之心向當下的自己致敬，

理解通往那裡的道路，

或許並不需要任何步驟。

這條路徑可以在當下找到，

在呼吸之間，

如此而已。

｜關鍵字｜

休息、冥想、沉思、自我照顧、獨處、即使在威脅、恐懼或責任中仍能找到內心平靜、暫停

意義

經歷了寶劍三的劇烈碰撞和對抗後，寶劍四是我們所需要的深呼吸。當你抽到這張牌時，它提醒你要好好休息。**拜託，請務必認真聽從這個建議**。現在是時候找個安靜的空間，獨處一下，不要過度消耗自己。你要明白，如果我們無法放鬆，就只會一直處於戰或逃、甚至僵住的狀態裡。這張牌提供你選擇好好對待自己的機會。你是否願意多花點時間來好好照顧自己，讓自己徹底休息，恢復精力，保持清晰的頭腦和穩定的心理狀態？

從塔羅占卜的角度給你一個提示：當抽到寶劍花色的牌時，請你注意牌中的武器方向，這很重要——寶劍是指向你（威脅）、在你手中（防禦），還是靜靜地放置著處於被動狀態。萊德・偉特・史密斯牌的寶劍四描繪了一個人物，雙手呈祈禱姿勢，頭頂上掛著三把處於靜止的寶劍，象徵他在先前（寶劍三）面對寶劍的威脅。但這次，他的身體下方擺著第四把寶劍，意味著他在準備好時，隨時可以拿起這把劍，重新踏上戰場。

生活總是有痛苦和挑戰。我們需要對此做出反應，甚至要防衛自己。然而，要是沒有足夠的精力和意志力繼續戰鬥，我們其實什麼也做不了。有時，最有成就感的事情莫過於好好睡個午覺，進入一個深度恢復的時期，並專注於冥想和祈禱，讓我們的信仰像寶劍一樣鋒利堅定。

連結寶劍四

練習冥想。不論你的正念練習是什麼形式，都請優先進行。冥想有許多方法，我不會告訴你應該怎麼做或使用哪種方式。如果你還沒開始冥想，可以嘗試從一種簡單、容易進入且適合自己的方法開始。越早開始練習越好，因為這也是一種照顧自己的方式。不妨就從現在開始，可能今天早上、今晚睡前，或是此時此刻。

進一步反思

使用以下句子來書寫日記：

- 我最近一次允許自己深度休息是……
- 休息是我與生俱來的權利，因為……
- 當我的指導靈和直覺要求休息，他們會……

★ 我的聲音｜寶劍五 ★

也許下輩子，
權力、掌控與競爭
將不再成為我們的盾牌。
或許我們會選擇放下寶劍，
渴望彼此能夠建立和平的關係。
我們能夠攜手同心，相互扶持，
而不是彼此對立、四分五裂。

關鍵字

衝突與競爭、操控、自我破壞、自我中心、有毒行為

意義

這張牌反映了某種現實面，也就是我們每個人在某些時刻都會變得很糟糕，可能是變得好勝、好鬥、自負，甚至做出卑鄙的行為。這張牌一心只想取得勝利，哪怕這意味著要採取不友善或不道德的行為。你是否曾因為他人的自私舉動而遭遇挫折？一些最醜陋的策略和低級的行為習慣正是在這種處境中所形成。如果這張牌出現在占卜中，不妨考慮在這場鬥爭中投降。最好的方法就是遠離任何有毒和具有攻擊性的行為，無論是霸凌、心理控制，還是虐待。

寶劍五揭示這場衝突，但也提醒你採用更健康的解決策略，其實還是有其他更有覺知的溝通方式可以選擇。這張牌非常有挑戰性，因為它可能揭開我們內心那些不願面對的陰暗面（就如所有的塔羅牌一樣）。它是否在指引你反思自我破壞的行為？在指責他人之前，先仔細想一下。

連結寶劍五

在每次占卜前以及離開家門時，我都會運用我的靈視力或「清晰視覺」能力來保護我的能量。這需要一些想像力和意願才能夠使用，但只要練習就一定可以掌握。

如果你願意試試這個練習，首先閉上眼睛，穩定自己的能量。不論你身處何地，想像自己坐著或站著，並在面前看到自己的鏡

像。將這個雙生的自己包裹在守護與光明之中。這個畫面可以有不同的形式（畢竟，心靈視覺的練習並沒有對錯之分），它可能像是半透明的泡泡，或者是一個充滿活力的金色光環，環繞著你的身體，形成堅固的能量屏障。我個人喜歡在我的能量場或光環邊緣添上美麗的白玫瑰，這些玫瑰漂浮在周圍，構築出一道尊重且保護的屏障，將我珍貴的能量與外界的刺激隔開。

找到屬於你的能量保護方式和視覺表現，看著自己被包圍起來，並透過這個支持性的屏障來守護你。如果你感到當天有威脅，不妨閉上眼睛片刻，深深地吸氣和吐氣，重新建構這個保護屏障。

｜進一步反思｜

無論這些提示喚起什麼感受，都將它們寫下來，並真誠地接納自己。

- 我發現自己在生活中的這些層面變得更好勝……
- 除了對勝利的渴望之外，我可能還有更深層的原因，讓我感覺需要戰鬥。我害怕放鬆警惕，因為……

★ 我的聲音｜寶劍六 ★

現在，讓自己被帶往安全的彼岸。

你已經盡力了。

你真的已經做得很好了。

｜關鍵字｜

過渡期、行動、改變、脆弱、不情願地放下某些事物、將療癒和安全放在第一順位、成長的儀式、與新環境的連結、接受幫助

｜意義｜

這張牌提醒我們，有時即使還未完全準備好放手，也必須繼續前行。寶劍六描繪了一名男人划著船，帶著一名女子和孩子，遠離波濤洶湧的水域，前往平靜的河岸。

在塔羅牌中有許多張牌鼓勵我們做出決定，放下那些對我們無益的事物。然而，寶劍六往往帶有一絲不情願或猶豫，這也是為什麼有外部支持（如圖中的划船人）這對過渡期是非常有幫助的。

寶劍六希望我們承認失敗，並為靈魂選擇更健康的道路。這是一種成長的儀式，讓我們學會追隨真實與自由，而不是讓小我說服我們用意志力去克服困難。當這張牌出現時，我們可能會看到某段不健康的關係解體，或在某種層面上改變視角和觀點。

我們也可以選擇從負面角度解讀這張牌，過度執著於那些我們不得不放棄的東西。然而，我們還是可以選擇敞開心態，將焦點放在未來的新環境上。無論你最初對這段過渡期有何感受，這張牌所要傳遞的訊息是：你必須改變，接受他人的幫助，釋放過去的傷痛，才能真正進化。

｜連結寶劍六｜

練習設立界線。隨著「安靜辭職」[19]和社交媒體排毒[20]的觀念越來越普遍，加上千禧世代和 Z 世代毫無避諱地願意接受心理治療（終於開始為好幾代人進行療癒了！）有關界線的探討已成為熱門且熟悉的話題。當這張牌出現在占卜中時，反思一下你目前的界線，並強化你需要更加受到尊重的部分。

這些界線可以應用於人際關係中，但如果你目前關係已經很穩固，試著評估一下你的日常習慣和作息，甚至是你所消費和接觸的媒體類型。尋找新的方法來設立並維持界線，這對你的心理健康和

---

19 編按：指人們在工作中不再額外付出、只做分內的事，作為一種界線感的展現。

20 編按：指暫時或長期停用社交媒體，以保護心理健康。

整體心態有正面的影響。

進一步反思

想一想你曾經在人生中所留戀過的一段經歷、一段關係、一個工作環境，早已經超出原本初衷和舒適的界線。回想一下那些你曾經過度犧牲自己需求的時光。回答這句話：「我留下來是因為……，而我原諒自己在那邊停留了這麼久。」

★ 我的聲音｜寶劍七 ★

我們永遠可以自欺欺人。

把真相掩蓋起來，

就像壓在一堆垃圾郵件下的停車罰單，

或是冰箱角落故意遺忘的剩菜剩飯。

當我們不想面對某件事時，

其實表現得會特別明顯。

我們會開玩笑自嘲，找各種藉口，

甚至用種種隱蔽的手段

來逃避真正應該進行的療癒。

｜關鍵字｜

欺瞞與不誠實、語氣虛偽或不真實、找藉口、營造假象、美化錯誤的感受、偷竊或奪取、逃避真相

｜意義｜

在我們因這張牌中的細微意涵而產生焦慮之前，先來面對一件事：某些事情有點不對勁。一股奇怪而隱晦的能量，像低語般的警告正困擾著你。或許你擔心有人在欺騙你，而這張牌剛好與謊言和不信任有關，所以這種感覺可能是真的。雖然我真心希望不是如此，但作為你的「塔羅閨蜜」和學習旅程的夥伴，我在此鼓勵你先向內心探索。通常，這張牌所反映的問題更多是與你自己相關，而非他人（我知道忠言逆耳）。現在是時候問自己；你對自己、對他人、對自身言行是否存在不夠真誠之處。最近有什麼事情讓你感覺像在說謊？

一開始學習塔羅時，這張牌對我來說非常具有挑戰性，我很常猶豫是否要與客戶討論這個隱晦的主題。即使對新手來說，這張牌仍然是最讓人感到不安的課題之一。在解讀它時，要對自己溫柔，同時也要勇敢挑戰自己，看清哪些事情只是虛假表象，並找出背後的真正原因。

｜連結寶劍七｜

透過鏡子進行自我懺悔。（在進行這個練習之前，請確認自己處於一個安靜且保有隱私的空間，因為鏡子練習較為私密，且會讓

人感到脆弱。）

1. 站在鏡子前，望向自己的雙眼，四目交會。
2. 接下來是比較困難的部分。誠實地面對自己，並與自己對話，進行真實的自我懺悔。說出你的恐懼，談談最近讓你感到不安的事情。無論你想說什麼都可以，這是屬於你的空間，你的喉輪已經做好大解放的準備了。

如果你**真的**想讓這個練習更深入一點，你可以選擇脫下衣物，進行裸體練習（我真的曾經這樣做過，效果很美好）。但請慢慢來，讓自己放鬆。這可能是你這麼久以來，第一次對自己說過如此真實的話。把心聲說出來，讓別人聽見，確實具有轉化的力量；但這項練習的設計初衷，是為了讓你與自己獨處、共鳴的神聖時刻。我希望你能體會到，它所帶來的力量，和在公眾面前訴說你的故事一樣深刻。

｜進一步反思｜

在日記中回答這句話：「我必須大聲說出這件事情……」

寫完後，大聲讀給自己聽。當你聽到自己寫下的勇敢話語時，讓聲音變得響亮、堅定且充滿自信與驕傲。

★ 我的聲音｜寶劍八 ★

一位導師曾問我
內心的能量感覺像什麼。
她建議我先好好感受它，
不加判斷地觀察它，
然後再仔細描述。
我終於找到了恰當的詞彙來描述。

「感覺就像酸掉的牛奶。」
這個答案奇特卻又很貼近真實。
那是我第一次真正明白，
我們的能量可以處於休眠、停滯，甚至腐敗的狀態。
忽視的後果就是會慢慢積累起來，
逐漸喪失原本的養分，
成為一種不健康的存在。
我們可以讓任何事物變質：
我們的想法、
我們的關係、
我們的感受。
是的，我們可以眼睜睜看著一切變質。
但同樣地，當一切都顯得不再適合時，
我們也可以選擇放手。

｜關鍵字｜

感覺被限制或禁錮、被自身的想法困住、感到孤立、限制性信念、受害者心態、停滯、淹沒、茫然無助，對自己的思緒無法掌控

｜意義｜

我有個假設的理論。我認為這張牌可能是塔羅牌中最常被抽到的牌。我們的想法具有創造我們經歷與人生軌跡的力量，而寶劍八便是最好的證明。從我們出生的那一刻起，就被各種資訊淹沒——這些資訊包含了我們是誰、將成為誰、永遠無法成為誰的詞語、句子、預測和定義。周圍的人總試圖讓我們迎合他們的世界，而這樣的壓力讓人身心俱疲。

儘管我們在一個喧囂的世界中成長，這個世界往往會壓抑也不太支持我們的夢想和渴望，但我們仍可以學會去降低這種噪音，甚至麻木或將自己隔離出來。我們選擇只相信別人對我們的評價（不是因為我們軟弱，而是因為我們太疲憊），而不是自己主動定義或挑戰那些我們從未想要認同的「真理」。

這樣的例子不勝枚舉：一名中學生，如果被刻薄的老師說懶惰，可能因此覺得自己永遠無法展開熱愛的計畫，就因為自己缺乏這種特質。一名女性，被有毒伴侶貶低自己外表而動搖自己的自信心，可能需要多年後才能擺脫自己不夠美的信念。我們的思想屬於自己，卻也無法完全免受外界影響。

寶劍八就是指出那些限制性信念和根深蒂固的自我定義，那些

讓人感到被束縛、孤立，彷彿被困在自己經歷的情境。你可能讓自己身陷一個並不想要的現實中，並且覺得束手無策。儘管這看來沉重且讓人灰心，但我想讓你知道，這一切仍充滿希望。

正是寶劍週期的這個階段，我們有機會掌控自己的思維。寶劍八的出現象徵轉變固化思維的契機，讓我們可以用更真誠、充滿愛的肯定句來取代過往的自我對話，並逐漸轉換自己的思想模式。這是你壓制內心批評聲音的好時機，徹底將自己從限制性信念的束縛中解放出來。你會如何壓制那些讓你覺得自己不夠好的聲音？此時此刻，你又將如何踏出那謹慎的一步，邁向自由與心靈的擴展？

｜連結寶劍八｜

試試一種名為漸進式肌肉鬆弛法（progressive muscle relaxation）的技術來減輕焦慮。這種身體練習有助於更貼近自己的身體感受，同時也釋放積累的壓力。

從頭頂或腳底開始，仔細掃描自己的身體，尋找緊繃或不適的部位。將注意力集中在特定的身體區域或肌肉群，並有意識地緊縮這個部位。例如，可以專注於肩膀，將肩膀聳到接近耳朵的高度。保持這種緊縮狀態約十到十五秒，盡可能到極限。接著，慢慢地放鬆，觀察身體逐漸放鬆、舒展，並變得更加柔和。

在進行的過程中，對自己重複說出以下句子：

- 我雖然不完美，但這份不完美是神聖的。即便自己（指出自己的不安或缺陷），我仍然愛自己，也相信自己。

・我是自由的，從未被束縛。
・此時此刻，我可以放下。現在就是我放手的時機。
・在這份臣服中，我發現了真實的自己。

對其他兩到三個身體區域重複這個練習。

進一步反思

透過寫作與反思，與未來的自己建立連結並對話：「親愛的未來的我，今天，我讓我們得以解脫。一些錯誤的信念曾經限制了我們，但我們將繼續向前邁進。我們將……」

★ 我的聲音｜寶劍九 ★

他們帶來了一場兇猛的暴風雨，
讓窗戶震動、發出嘎嘎聲響。
它的強烈程度足以讓我清楚意識到
自己內心深處的那場風暴。

關鍵字

焦慮、過度擔心、不安和睡眠問題、心理健康不佳、恐懼害怕、侵入性思維

意義

這張牌的能量讓我想到沸騰的水壺，刺耳的聲響讓人感到緊繃，想要盡快關掉它。寶劍九所傳遞的感受就像被夢魘和恐懼追逐，營造出一種與鬆弛完全扯不上關係的感受。

風元素從寶劍王牌開始就逐漸累積，焦慮的能量不斷加劇，甚至達到冥想音樂也無法平息的程度。作為一個因創傷而經歷過恐慌症發作、侵入性思維和失眠困擾的人，我深知焦慮的破壞力和耗竭。

當寶劍九出現時，塔羅占卜師必須謹慎且帶著尊重進行解讀，並留意當事人的心理健康狀況（包括自身）。你不該忽視或掩蓋這張牌。當焦慮、憂鬱、恐懼和創傷達到沸騰點時，最有效的療癒方式就是深入探索其根源。

連結寶劍九

這張牌會讓我們感到極度無力，彷彿成了焦慮的受害者，或被奔放出來的憂慮思緒所操控。現在正是時候將這些狂亂的能量從體內釋放出來，用聲音來喚醒我們內心的戰士。你可以透過以下練習來啟動喉嚨的能量：

1. 先深吸一口氣，讓心靈充滿能量，為自己補充精力。
2. 吐氣時，讓下巴自然放鬆，口中發出可聽見的吐氣聲。
3. 重複這個動作，每次的吐氣聲逐漸增強音量。從輕柔的嘆息開始，聲音應慢慢擴大，最終轉為呻吟、嗚咽或宣洩式的吶喊。放下對聲音的評價，讓它只是聲音而已。這只是體內的能量在流動，為你創造更多安詳、平靜和心理健康的空間。

可以把這個練習想像成像小孩子對著枕頭大喊發洩一樣。用聲音啟動喉嚨，並有意識地釋放情緒，幫助我們突破關鍵點。回歸原始的大聲吶喊，讓我們可以短暫驅散恐懼的能量，重新掌握內在的力量。

進一步反思

「晨間日記」是我多年前養成的習慣，直到現在也還持續著。這是一種自由書寫或意識流寫作的練習，把你的想法隨意地寫在紙上，這最好是早晨醒來後的第一件事（茱莉亞．卡麥隆在《創作，是心靈療癒的旅程》中有深入探討這個方法）。作為一位天生容易焦慮的人，每天早上鬧鐘響起時，我的頭腦常常充滿各種思緒，並且開始緊張。而正是在清晨的陽光中，我能夠有機會回應或平靜這些思潮起伏。

晨間日記有點類似通靈寫作，因為它就只是任由文字流動。你的句子不必往特定的方向敘述，每當一個想法浮現時，你就將它釋放出來。我通常會寫一到兩頁，而茱莉亞．卡麥隆則建議她的讀者們寫滿三頁。寫出的內容可能零散隨意，甚至可以像一份待辦清單，列出當天要處理的人事物。至少，這樣的書寫能讓你釋放醒來時所呈現的「雜亂」，將它隔離出來。這不是在逃避或掩蓋責任與壓力，而是為各種想法、恐懼和憂慮創造一個新的空間。完成後，闔上日記，轉向下一個富有愛與關懷的練習，可以是深呼吸、祈禱或從塔羅牌中抽一兩張牌。做完這些釋放後，你可能會感到更輕鬆自在，也讓自己準備好迎接這一天的未知。

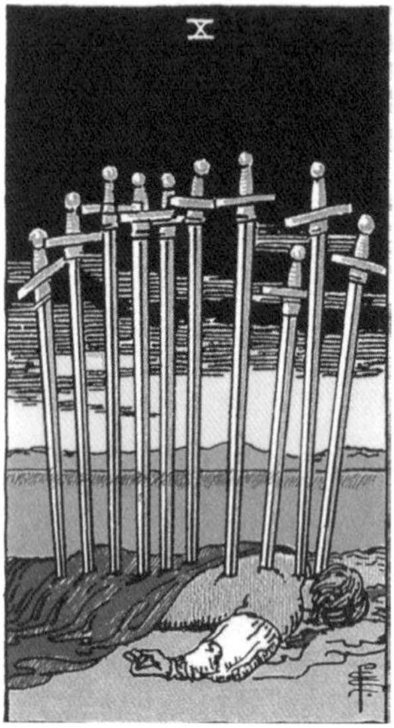

★ 我的聲音｜寶劍十 ★

我意識到，如果我不願投降，

光明便無法降臨。

這只是在推遲黎明的來臨。

｜關鍵字｜

失敗、崩解或滅亡，背叛或暗箭傷人，毀滅性的結局反而帶來新的契機，疲憊不堪，死胡同，深刻的傷痕

意義

我的朋友，一切都結束了。

在我繼續之前，讓我們停一下，剛剛上面這句話可能像是眼前最沉重的一擊。當這種不受歡迎的課題出現在占卜中時，你可能會體驗到各種強烈的情緒，從崩潰到解脫，不一而足。請在我引導你重構這個結局前，先忍耐一下這張牌所帶來的不適，深呼吸一兩次，然後下定決心繼續前進。

當向客戶或塔羅學生解釋這股能量時，我常稱它為我們的「許可單」，允許我們讓任何該結束的事情就此告一段落。我們的思緒往往因風元素而反覆盤旋，甚至可能緊捉某些早已該釋放掉的事物不放。解讀這張牌時，你需要讓自己更加敏銳，就像解讀寶劍九一樣，因為它也經常涉及有毒或受虐的模式。雖然你可能覺得自己失敗了，但在寶劍十的階段，你必須放過自己。過度憂慮只會佔據你的心靈空間，讓你無法專注，並難以接納新的、有建設性的能量。在開啟新週期前，放下擔憂是值得一試的。

連結寶劍十

放下你的塔羅牌，讓它稍作休息吧。當我開始頻繁地抽到寶劍十時，我知道我可能太執著了。當我鍥而不捨地探索、追逐，甚至一遍遍地向塔羅牌和指導靈表達我的渴望或需求，而非好好聆聽已經傳達給我的訊息時，寶劍十似乎就會突然出現。這是一張要我們思考自己的塔羅練習，並提醒我們過度依賴和執著會損害我們對於直覺的信任。放慢腳步讓自己歇一會兒，靜下心後再重新開始抽牌。

｜進一步反思｜

在你的日記中，帶著釋放的目的來進行書寫。可以使用以下句子來確定最終需要放下的事物：「已經夠了！我已經受夠了……」

★我的聲音｜寶劍侍者★

給我的內在小孩：

你是個奇蹟，
現在的聲音聽起來有些模糊。

但請相信我，
當我說，痛苦有天將會消失，
你的視野會變得清晰，

有一天
他們會 牢 牢 記 住
並慶祝

你所分享的話語和故事。

人格特質：機智伶俐、聰穎、健談、年輕、好奇、聰明、話多喜歡八卦、說故事的人

｜意義｜

這張牌的侍者並不是膽怯或含蓄的人，而是充滿活力的存在，鼓勵我們探索自己的人生，追求更多知識好讓我們擴展意識和視野。它讓我想起那個不斷追問「為什麼？」的小孩，因為對他來說，答案永遠不夠。他們深信還有更多值得學習與理解的東西。

因為侍者牌讓我們看到身為成人的自己仍有許多可探索的一面，當它在占卜中出現時，往往是要我們提出問題、尋求他人的協助，並透過文字和思想進行互動。而這位侍者藉由與他人對話才能充分表達自己，尤其喜歡了解為何別人會持有不同觀點。有時候，寶劍侍者牌也可能暗示八卦或過度干涉，因此需要留意和斟酌自己的對話和評論是否有必要性。總而言之，這個充滿童心的角色特別擅長融入能夠發揮他們智慧與魅力的情境、對話與空間。

如果你為自己抽到這張牌，那就去社交吧！它可能預示著即將到來的好消息（這張牌與王牌相似，帶來新鮮感和機會），或預示著一場具有意義的對話將在對的時間和地點發生。

｜寶劍侍者的引導｜

在下一次的對話中，你可以積極提問。如果你是那種在群組聊天中很愛分享自己日常點滴的人，也許可以稍微改變一下方式，多向他人提出問題。寶劍侍者在深入的對話中總是容光煥發，並且從

他人生活中的話語和觀點中汲取靈感。每個人的聲音和故事都提供了吸收新資訊並增長智慧的機會。

｜進一步反思｜

好好欣賞風元素，體驗它如何為生活帶來流動與變化。首先，你可以反思並寫下：「在我的生活中 XX 讓我感覺充滿未知，因為……，這正是它讓我感到興奮的原因。」

★ 我的聲音｜寶劍騎士 ★

我等不及了。

等不及了。

內心有股期待逐漸醞釀中，

但我無法確切說出自己在期待什麼。

然而，我選擇順流而行，

因為我已經等不及了。

人格特質：迅速敏捷、反應靈活、主動回應、專注、自我意識強烈、雄心壯志、行動導向、思維敏捷、擅長解決問題、務實且講求邏輯、自信滿滿、熱情洋溢，常被視為具侵略性

意義

這位騎士帶著無比的決心，激動地衝向我們，所以現在就是準備展開行動的時刻。他是牌組中令人緊張的角色，因為他的速度和直率毫不妥協，讓人幾乎有種被逼迫的感覺。雖然他行事激烈，但我十分欣賞他那種心無旁騖、屏蔽外界干擾並全力朝著目標邁進的態度。我認為，大家如果都學會排除他人的期望和雜音，專注於自己的渴望，甚至偶爾選擇以自我優先，這何嘗不是件好事，而寶劍騎士正是這樣的榜樣。想想自己是否帶著純粹的信念與力量勇往直前？或只是為了證明自己的能力而勉強去做某些事情？這位騎士野心勃勃、不懈追求。你能展現他的毅力與無畏嗎？你是否已經準備好迫切地達成目標或追求內在的療癒？

寶劍騎士的引導

動起來，讓你的心跳加速，不然就做一些心肺訓練。身為一個長期無法正常飲食和運動習慣紊亂的人，我這麼說並無意表達任何負面的節食文化觀點。你不需要「燃燒」任何東西，也不必逼迫自己過度訓練，但這張牌的能量自然帶著衝刺的意味，所以不妨用運動來模仿這種動力。你可以透過一輪開合跳、快步走，或在戶外跑步來連結寶劍騎士的能量。騎士在塔羅牌中代表行動和變革，而這位騎士的行動尤其迅速、勤奮，讓人心跳加速，這類運動可能可以刺激你的神經系統，讓你能夠啟動新的計畫，然後像他一樣勇往直前。

｜進一步反思｜

在面對這種猛烈而快速的能量時，你需要考慮一下有哪些工具、練習和資源來應付眼前的需求。寫下並反思：「當生活節奏加快時，我會透過做 X 來保持能量。我依靠 Y 工具讓我繼續向前。」

★ 我的聲音｜寶劍皇后 ★

她來到這裡是為了帶來和平，
成為心靈與思想的調解者，
總是在內心中探尋真理，
藉此成為榜樣，
清晰地反映他人內心的實相。

人格特質：通達情理、表達能力強、觀察入微、誠懇坦率、被誤解、追求公正公義

｜意義｜

在占卜中，當這位皇后人物將寶劍指向你時，她是在提醒你注意自己的思維，要求你認清真實的自我並為此感到驕傲。她是終極

的「唬爛驗證器」[21]（BS Detector）。這位母親角色的觀察力敏銳（有時甚至挑剔），並以嚴厲的愛來滋養周邊的人。我非常敬佩她對正義和公平的執著，因為整個寶劍家族追求一個由誠實和真理所塑造的世界。我也欽佩她設定界線的卓越能力。她確信真相能使我們自由，但揭露真相的過程總是讓人心臟漏跳一拍。寶劍皇后不僅會提出鋒利的問題，也毫不畏懼地指出你的問題所在。

這位皇后受到最直接且銳利的風元素影響，使得她性格複雜且經常被誤解。她被認為是四位皇后中最冷酷無情的一位，擁有堅定的意志，絕不妥協。讓她激勵你找到自己的理性之聲，並在療癒過程中直入核心。這過程可能會有些生硬，但記住，這份強韌而深沉的愛就在你身邊。

｜寶劍皇后的引導｜

積極爭取更多空間來取得一席之地。也許現在是時候在對話中更清晰地表達你的立場了。這可能也是個好時機讓你去冒險，把你的名字放進可能不完全符合資格的職位候選名單，或勇敢地私訊心儀的對象。我們常常害怕自己會顯得**太**直接、**太**大膽、**太**令人不悅。忘掉這些顧慮吧！尤其是作為女性，我深知有時可能會擔心自己過於突兀或占用過多空間。當你抽到這張牌時，請在這一天嘗試以不同方式勇敢表現自己，讓每個你走進的空間都充滿更多真實，無所顧忌地展現自己。

---

21 編按：像是識別假話的雷達，能一眼識破所有的謊言與藉口。

｜進一步反思｜

除了寫作之外，不妨用「禁語體驗（silent retreat）」來滋養自己。你可以上網搜尋那些價值數千美元的豪華靜修場所，享受強制性的靜默和令人驚嘆的五星級體驗——老實說，這確實很夢幻——但你也可以運用紀律來達到類似的效果。

在日常中，你可以簡單地創造「禁語」體驗。這可能包含刪除社交媒體APP、將手機調至靜音，並承諾維持靜默一段時間。透過減少外界的聲音，你將給予自己更多內在對話的空間。嘗試在一段時間內遠離媒體、播客，甚至音樂，試著只保留內心的聲音。觀察這種無聲對話會帶你走向何方，並感受自己在其中的舒適度。

★ 我的聲音｜寶劍國王 ★

我小聲說話，

並非因為我無法提高音量，

而是因為我已經大聲說話太久了。

人格特質：理性、自信、智慧、不妥協、知性、完美主義、公平公正、致力於真理、講求合理、重視價值觀系統、老師、領導者、值得信賴

｜意義｜

當這位國王在占卜中出現時，他的眼神從牌面中心直視我們。他的姿態散發出威嚴和自信，可以感覺到他有訊息要告訴我們。他推動我們邁向更深層的智慧，體現我們的智慧和判斷力。寶劍國王非常果斷、敏銳，擁有無懈可擊的洞察力，能夠捕捉他人的個性和時機，因此他的出現可能預示著即將來臨的決定，而你或許已隱約知道答案。儘管他明顯嚴厲多於柔和，但他的冷靜、自制和沉著的個性令人欽佩，激勵我們在領導、溝通以及與他人交往時也表現出相同的穩健與自信。

如果你在尋求認真且具有明確意圖和願景的事物（或人物），這張牌的出現是個好兆頭。寶劍國王是一位思慮周全的團隊領袖、主管或負責人，因此不妨思考自己是否具備相似的技能，或者想想這張牌是否在鼓勵你扮演這樣的角色。

｜寶劍國王的引導｜

請做決定，並願意承擔決策的最終責任。請在今天一整天的時間內，自信地表達你的意見，成為一位深思熟慮的領袖、社群與團隊中的決策者。

我並不是要你壓制他人話語或忽視他人的喜好，而是建議你留

意團隊會議中，如果有出現猶豫不決的時刻，或者當你和伴侶在晚餐前進入「我不知道吃什麼，那你想吃什麼？」的熟悉對話時，不要再亂猜測，好好地思考且自信地做出決定。

寶劍國王以卓越的機智實現他的願景，因為他從不反覆懷疑自己。當你抽到這張牌時，不要害怕挺身而出，為自己和你關心的人做出果斷的決定。

｜進一步反思｜

請思考並在日記中寫下：「這些是我引以為傲的個人價值觀和道德準則……」。

Chapter 10

權杖牌組：我的意義

權杖牌組與火元素相關，提醒我們要有意義的活著。請記得，我說的是用有意義的方式去生活，而不是要你「找到意義」。尋找存在的意義或理由說起來或許讓人覺得欽佩，但做起來卻非常艱苦。找我占卜尋求指引方向或幫忙尋找目標的客戶多得不勝枚舉，大家都想知道自己能夠發揮什麼樣的影響力，以及如何啟發他人。

權杖是創造力的指南針，幫助我們每次都往前邁出（有意義的）一小步。火元素的能量發揮時，每次會給我們一點點線索，引導我們靠近自己該走的方向，讓我們去追尋那些讓人心動、讓人自然被吸引的事。

這就像與另一半產生化學反應或是半夜突然閃現的靈感，都是完全無法強迫的，我從塔羅練習和牌卡連結中不斷地體會到這件事。與其徒勞無功的追求或把自己打上迷失的標籤，我們也可以轉換想法，接受「下一件對的事」的觀念。是時候把握機會回歸自我、感受內心，並問自己下一步想做什麼？停下腳步讓我們有機會發揮直覺，釐清現在有什麼事情讓我們感到滿足。當我們習慣信任自身力量與直覺，就會開始建立信心。練習做出有力的決定並傾聽內心的節奏，我們會慢慢放下那種對「每個選擇都要有深遠意義」的壓力。有些決定，其實就因為它當下讓你感覺對，那就夠了。

我還記得之前和工作上的朋友在紐約散步，我們在聯合廣場附近一起逛精品店，想說在主持活動前先打發一下時間，這是由某個康普茶品牌贊助的活動，邀請了一位在社交網站上很有名的營養師來談論腸道健康。

當時我和其他人共同創辦了一個健康相關的活動策劃公司，我蠻享受這份工作，但沒有真正愛這工作。我對成為創業家感到驕傲，也很開心我們打造了擁有健康意識的社群，但身為一個高敏感人，舉辦活動需要消耗大量的體力，繁瑣的細節也常讓我精疲力竭。儘管如此，我還是全心投入這份事業，有段時間我也認為這就是我的人生方向。

我會特別提到自己在當時的人生階段沒有懷疑過自己，是因為我覺得這一點很重要。如今我才明白，對工作抱持開放心態以及不執著於任何靈魂使命，才讓我得以那麼自然地走進一家店、拿起那副塔羅牌，也就這麼無意間踏上了我後來熱愛的旅程。

我和朋友逛了一間都是家居用品和家具的商店，我其實沒有打算要在這家店購置新東西，因為那時候我才二十幾歲，窮到不行，但我注意到店中央一個小展示架的最底層，有一個寫著「塔羅」的黑色盒子非常引人注目。或許是因為盒子跟一堆居家擺飾放在一起顯得格格不入，才會被我注意到，但也可能是運氣的關係，總之，我伸手把這個盒子拿了起來。

在這之前我從來都沒有接觸過塔羅牌，但那一刻我知道，我想要這個東西。我當時並不知道這套牌會在接下來幾年一直陪著我，最後在經歷了無數次為客戶算牌後光榮退役，而這套牌也被放在家裡一個神聖的角落（現在裝潢得更漂亮了）。我沒想到這套牌會用這麼久，也沒想到盒子會變得陳舊斑駁，牌卡邊緣也捲曲出現了磨痕。

「要走了嗎？」我的朋友出聲打斷了我與天賦相遇的時刻。

「沒錯，但我買一下這個，很快就好。」我無法解釋為什麼要這樣做，但我覺得把這套牌買下來是正確的事，如果我當時沒有這麼做，誰知道還要等到什麼時候才能體驗到牌卡的療癒力量，或是在學習的過程中更深入了解自己。

那天晚上的活動結束後，我在飯店房內打開牌卡，快速瀏覽了解說並翻看每張嶄新的牌卡，有些牌我看到後就愛不釋手，有些則讓我感到害怕。現在我知道這種迴避行為是一種自然的本能，第一眼就喜歡上某些牌也是很正常的事。然後我進行了第一次抽牌，對自己所做的事和收到的資訊感到疑惑。可是，天啊，能夠感受到這種指引真的太棒了。

我就這樣開始了塔羅占卜的旅程，隨著時間慢慢從小白新手變成學員，再變成占卜師和專業塔羅師。而我的人生方向，也在每一次拿起牌、詢問訊息的過程中，悄悄地改變著。有些心靈療癒儀式或紓壓療程讓我感覺難以進行，但塔羅牌的練習卻相當自然不費力。我之前都要用手機提醒自己天天冥想，還要把每週的諮商時間都寫在行事曆中才不會忘記，但不管生活有多忙碌，塔羅牌卻能自然而然地融入我的生活中。

我可以自信地跟大家說，自從十多年前在紐約買了那副塔羅牌後，我每天都有練習塔羅牌，沒有一天是偷懶的。雖然我收集的塔羅牌越來越多，而且跟塔羅牌的對話都集中在幫忙治癒其他人，但這些牌卡就像呼吸一樣充斥在我的生活中。

塔羅牌帶著我進行更具價值的內在療癒和自我反思，用愛重新描繪了我的人生故事，並帶領我用新的方式分享這些故事，它變成我的休閒娛樂、學習領域以及教學的內容。塔羅牌在不知不覺中幫我建立了一個更適合我的新事業，溫柔地將我推離不適合的事情，走向更具影響力與實際的道路。回想起來，如果我不是某個下午在紐約市到處亂晃、打發時間，我可能要更晚才能發現自己的意義！

於是當我卡在人生的岔路上，心中覺得猶豫與迷茫時，就會重新回想這些相信直覺而不是邏輯的時刻。你心中正確的下一步是什麼呢？

｜有關權杖牌組｜

元素：火

脈輪：太陽神經叢

時間與速度：一到三天

星座：牡羊座、獅子座、射手座

季節：春季

〔權杖牌組是……〕

轉變、力量、熱情、破壞、創新、自我驅動、男性特質、啟發、決心、強壯

為自己占卜時

培養與自我（ego）的健康關係。

其實你是才華洋溢的。閱讀這本書並翻看塔羅牌的你，擁有獨一無二的才能，而且只有你能完美展現這個才能。意識到自己的優點了嗎？

在靈性圈裡，「自我」常常是個被迴避、被壓抑，甚至被覺得應該感到羞恥的話題。

我的看法是什麼呢？我們以人類的身分來體驗這一生，而我們可以擁抱它！每個人都有自我，重點不是消滅它，而是學會跟它相處，把它變成你走向充實人生的推進器。

在學習權杖牌組的時候，請盡情展現你健康的自我和個人特質，你有獨一無二的能量，所以進行本書的練習與指引時，好好享受、擁抱自己與生俱有的天賦，了解自己的價值以及無限的潛能。

為他人占卜時

鼓舞對方吧！占卜中出現的火元素越多，我的角色就越像是一位鼓舞人心以及帶來力量的老師，我會成為他人的專屬啦啦隊，最神奇的是，我其實沒有刻意這樣做，只是自然而然切換成這個狀態。權杖牌卡以及火元素的能量就是這麼強大，會在我們內心勾起並點亮光芒，所以當這些牌出現在占卜中時，我經常會聊一下每個人所擁有的力量，以及我們是如此獨特及閃閃發光，就像火焰一樣。

為他人解讀訊息時，要大膽、自信地向對方表明他們是特別且重要的，他們的氣場、本質及靈魂的每一個角落都蘊含著神聖魔力。當占卜出現豐沛的火元素和權杖牌組能量時，你扮演的是占卜師，同時也是一名鼓舞人心的講師。

提示 你可以讓占卜更加有趣！在占卜時可以問一些不一樣的問題，或是不按照傳統的方式抽牌、洗牌或使用牌卡。權杖牌組賦予我們一個打破傳統並優先選擇冒險跟玩樂的機會，這是你找到自己「直覺風格」的好機會。

塔羅牌之外

在日常生活及塔羅練習中，要記得追隨那些會點燃你熱情的事物。你表現出來的創意以及某些活動對你產生的吸引力，已經充分透露你內在靈魂的渴求。我會鼓勵大家多花時間在這些興趣上，不要壓抑這種情感，要好好回應它們！對我來說，點燃這把火的是塔羅。塔羅給了我其他靈性工具無法給予的啟發與熱情（懂我在用火的比喻吧？）我也希望當大家拿自己的牌卡做練習時，能夠跟我獲得一樣的啟發。

雖然這本書著重於你的內在旅程和個人療癒，但我也想邀請你往外走一步。讓權杖的火引領你去支持你所相信的價值、理念，或社會議題。用你的聲音自信地說出你重視的事情，表達你的觀點，讓對話帶來轉化與改變。火元素不害怕破壞或摧毀過去，所以請想一下該怎麼替你的社群帶來必要的改變。

練習

擁抱「人生只有一次」的YOLO[22]態度（我知道，這是Ｙ世代的講法），時時提醒自己生命短暫且珍貴，就算被認為行為荒謬也值得。不要管其他人的目光，你可以穿自己喜歡的衣服（就算是抖音上流行的打扮也沒問題）、在演唱會上盡情搖擺、打開窗戶大聲唱歌或是吃蛋糕當早餐，不需要隨時都循規蹈矩的生活。火元素不希望我們過著無趣的生活，身而為人已經非常複雜及困難了，你隨時都可以讓自己度過一些特別、與眾不同及魔幻的時光！

---

22 編按：YOLO 是 “You Only Live Once” 的縮寫，意思是「人生只有一次」。

★ 我的意義｜權杖王牌 ★

當你品嚐過讓你滿足又渴望的工作，
同時，
當你找到了「它」，
就不會再滿足於金錢與權力，
因為靈魂完全在不同層次上了。

｜關鍵字｜

激發創意與熱情的新循環、啟動、化學作用、瞬間吸引力、藝術天才

｜意義｜

當占卜出現權杖王牌時，我就知道能量即將變得活躍、刺激。這種能量可以激發行動。不管是大膽且不假思索地對喜歡的人主動出擊（驚喜吧！），或是在洗澡時突然想到一個好點子，權杖王牌都可以點燃腹部的能量火焰。這團火焰磁性十足，充滿能量與希望。眼前是可以直接點頭答應的絕佳機會——但前提是，我們要具備實際執行所需的熱忱、真情與信心。權杖王牌的能量可能來得突然，而且經常轉瞬即逝。如果不夠小心謹慎，就會像火柴上的火

苗，微風吹過就熄滅。我們要建立一個積極且穩定的環境（像是生活風格、適合的工具、還有足夠心靈修練，讓自己在這段旅程擁有正確的自信心）來照顧權杖王牌。讓狂野的夢想與熱忱帶領你，忠於自我並保持謙虛。你是才華洋溢且綻放獨特光芒的人，權杖王牌正邀請你一起來探索其中的原因。

連結權杖王牌

坐在清晨的陽光下，這有助於建立生理時鐘和調節荷爾蒙，跟著初升的太陽一起甦醒，並沐浴在晨光中大約十五分鐘，可以幫助我們重新調整及滋養身心。每個早晨都是一個全新的機會，讓你能拿出權杖王牌的朝氣與熱忱來度過這一天，試著優先曬太陽補充維他命 D，並觀察溫暖的太陽能量與心靈體驗結合後的影響。

進一步反思

把讓你有所啟發、感到好奇或有興趣的事情列成清單。今天有什麼事情讓你特別興奮嗎？接著再把你覺得有意義且重要的事情都一一列出來。

將這兩張清單上的事情好好看過一遍，看看有沒有彼此相似或有彼此呼應地方。你自身的熱忱與大膽自信的行動，有沒有哪些相似或互補之處呢？

★ 我的意義｜權杖二 ★

腹部深吸一口氣，膨脹又收縮，
一次又一次，膨脹又收縮。
我的信心也是如此反覆變化。
有一部分謙遜又安靜，
有一部分熾烈又自豪。
我有權進入任何地方，
宣告我的歸屬，
並將這片土地視為我的領地，
就像我的呼吸一樣。
我只是觸及了自己豐盈力量的一小部分而已。

｜關鍵字｜

大膽的願景、新方向、勇敢的選擇、狂野的機會、規劃、更多的渴望

｜意義｜

權杖二讓我們得以一窺自己的潛能，這是一張充滿勇氣的牌，引領我們進入脆弱的自我探索，思考什麼才能帶來真正的滿足。

在這張牌中，有個人影矗立在城堡的頂端，穿著華麗的衣著，手中拿著一顆地球儀。他望著眼前誘人的世界，似乎對這個早已熟悉的環境感到不滿。或許，你也跟他們一樣，走在一條還算可以接受的道路上，但這樣真的能感到滿足嗎？

抽到這張牌代表你心中可能有改變某件事情的躁動或渴望。如果給自己機會嘗試新事物，會發生什麼呢？你可能正要做出重大決定，胃裡也跟著充滿焦慮緊張的情緒，忐忑不安。

我都暱稱這張牌為「五年計畫」，但權杖二指的不是你要承擔的那些風險，而是指深思熟慮的規劃和堅持願景，緩緩建構璀璨的未來。

毋庸置疑，權杖王牌點然了我們內心的火焰，此刻我們已無法忽視這股好奇心。不管你是選擇相信自己獲得上天的指引，或是打開心胸邊前進邊學習，這張牌都將帶你走向命中注定的命運，那是你透過獨立自主、意志和能力能夠追求與發現的道路。

｜連結權杖二｜

練習火呼吸法，或稱頭顱清明呼吸法（Kapalabhati Pranayama）。這種呼吸技巧就像火元素，可以提升能量、進行淨化和帶來溫暖，並產生物理熱能，激發能量流動。就像發動引擎一樣，它可以從自身內部啟動。當我們在追尋答案時，這種與信心和健康自我的連結對於我們進行關鍵一躍或重大行動時非常重要。在瑜伽界中，這種練習被稱為「消除假我（ego eradicator）」，因為它能夠破除限制潛力、瓦解抑制靈性連結的阻礙和壁壘。

這種呼吸法常用於昆達里尼（Kundalini）瑜伽，屬於動態活躍的呼吸練習，所以最好循序進行，逐步增強耐力。

1. 背部挺直，讓身體正坐，將雙手放在腹部上。

2. 從鼻子深吸一口氣，再從嘴巴吐氣，做好準備。
3. 再次深呼吸，讓腹部填滿約四分之三的空氣。接著，用快速的動作，將肚臍朝內推往脊椎的方向，並同時將肺部的所有空氣大力吐出。讓這個動作從橫膈膜發力。
4. 讓肺部再次充滿空氣，放鬆自然擴張，然後再次收緊腹部，重複呼吸動作。
5. 重複這個動作 20 到 30 次，然後恢復正常呼吸，觀察體內的感受，例如蜂鳴或嗡鳴的感覺等等。

｜進一步反思｜

可以好好想一下：「如果我知道自己不會辜負任何人或任何事情，我會做X，以及探索Y。」

★ 我的意義｜權杖三 ★

寬恕自己曾經懼怕自身的力量，
或選擇了錯誤的方向。

相信潛意識的引導和經歷的曲折，
因為靈魂深知什麼對你最適合，
並正為你的成長做好準備。

｜關鍵字｜

自信、清晰、朝目標前進、自由、個人成功、冒險得到回報、因選擇而收穫快樂、樂觀、未來規劃、移動或旅行

｜意義｜

低頭凝視自己的腳，看看你站的地方，你應該會替自己的成就感到自豪。在權杖二中做出追求某件事的選擇後，世界在權杖三的能量中變得更加充滿希望與光明，當你連結這張牌的能量，你將可以探索新的世界並享受觸手可及的自由。萊德・偉特・史密斯塔羅牌便以豐富的黃色來呈現這種樂觀精神。黃色在塔羅牌中被認為是積極樂觀的顏色，牌卡中的人不再陷於先前平凡、灰暗且清冷的環境，而是終於沐浴在歡樂與光亮中。

塔羅占卜者常會要我深入講解這張牌。基本上，權杖三的本質很簡單：你選擇了自己，把自己的想法放在第一順位，你應該繼續跟隨自己的腳步，相信只要繼續把重心放在自己身上，這趟旅程就會持續下去。

雖然權杖三本身不是複雜或很難解釋的牌，但它卻是真實的，而我會說，這是生活、療癒和自我實現的美好方式。

｜連結權杖三｜

想像你的理想生活，大膽發揮創意吧！把理想生活視覺化，透過想像力、感官體驗來見證你高我的美好生活與夢想。作為一個專業靈媒，我也被問過「我的未來會發生什麼？」這種問題。當有人

要我給出詳細的預測時，我會專注在他們渴望的感受，還有可以幫助他們達到至善與靈性連結的情境上。我會立刻轉移單純算命的話題，連結可以帶來力量的事物，讓我跟客戶可以一起共同創造這份理想。

你可以試試看……

1. 當你覺得可以自在安全地與內在連接時，把眼睛閉上，並放鬆身體。專注在當下，盡量靜定。
2. 請未來的你／高我向你展示畫面：未來的你正過上靈魂理想的一天，稍微等待一下，並讓畫面自然發展，不要強迫！
3. 運用靈視（透視）的心靈感官，查看、感受和注意眼前的畫面，觀察未來的自己在哪裡、穿什麼、身邊有什麼玩具或工具，還是有沒有其他人。有發現哪些事物是現在生活就擁有的嗎？
4. 想花多久的時間都可以，好好感受這一天，詳細描繪夢想的生活。

進一步反思

書寫並反思以下問題：

- 我最近冒了哪些風險？
- 我在哪方面為自己感到驕傲？
- 我在哪些地方注意到自己的獨特之處和內在光芒？

・當信心受到動搖或外在世界要我掩蓋光芒時，我該如何持續散發光芒？

★ 我的意義｜權杖四 ★

張大眼睛，我們雙眸相望，
帶著彼此相映的喜悅，
無聲的認可，
未言明卻彼此心領神會，
「我們成功了，做到了，
我們來到了這裡。」

我們帶著困惑歇下，
驚嘆其中的複雜。

大膽，
奇蹟，
愛與生命讓我們一起齊聚在這裡。

｜關鍵字｜

慶祝與快樂的體驗、共有的回憶、繁榮、達成里程碑、訂婚、結婚、宣布重大事件、成就

意義

權杖四就像是校慶中的校友表揚大會，象徵慶祝、派對或邁入下一個令人興奮期待的章節。我通常都會開玩笑的說，如果你正在參加一個有蛋糕的派對，那可能就是處於權杖四的時刻。當然，像訂婚、升職、畢業、婚禮以及其他充滿愛與歡樂的場合，都蘊含權杖四的能量。權杖四賦予我們想要和他人分享的體驗，因為我們希望自己所愛的人可以和我們一起慶祝。

牌面中的四根權杖豎立在畫面的最前方，引導你跨越門檻並進一步提升自我。眼前是顯化的最佳機會，有美好的能量，對生命的熱愛會指引我們方向。這張牌提醒我們有能力將幸福與快樂放大，並吸引更多的幸福與快樂。

在塔羅的數字學循環中，四代表的意義是興奮但穩定的能量，我們總是採取行動往未來邁進，但當占卜中出現數字四時，我知道這代表他們可以好好享受這一刻，因為他們付出了很多才能達到這一步。我們應該要專注在這個當下，好好珍惜這個特別時光。

相信我，你真的做得很好。要好好把握歡樂跳舞的機會，並對你已經自我療癒的每一部分表達尊重。

連結權杖四

跳舞吧！你可以和夥伴一起共舞或自己翩翩起舞，但一定要跳起來。雖然對於一張跟派對和慶祝有關的牌來說，這個建議聽起來毫無新意，但其實我們很難也很少有可以跳舞的理由。抽到權杖四時，試著在當下打造一場派對。有時候，提升振動頻率最簡單的方法就是放音樂，用可以展現自我療癒的方式律動，透過身體來達到與生俱來的權利：歡樂。

｜進一步反思｜

在筆記本中，用一首完整的歌曲將你的內心創意表達出來。首先，挑一首你最喜歡的歌，也可以選擇讓你想起與權杖四有關的慶祝回憶或某個人生篇章，然後開始隨意塗畫。直覺式繪畫就像是通靈寫作：沒有任何限制，這是一個可以創意發揮的空間。

你也可以試著畫出自己雀躍的心靈，並透過形狀、線條和符號來展現。讓自己專心地投入紙筆之中，同時感受你自選主題曲的歌詞和旋律。

★ 我的意義｜權杖五 ★

我們總是猶豫是否要表達自己的憤怒，
但我從來不懂為什麼要猶豫。
當你想壓抑怒火時，
想想雷電交加轟隆隆的暴風雨。
即便是我們的母親有時也需要
又踢又打、尖叫一下。

｜關鍵字｜

混亂、困惑、憤怒、怨恨、衝突、共同的挑戰、紛歧、抵抗、障礙

｜意義｜

這張牌充滿激烈又混亂的能量，但通常沒有明確的理由。這股能量如同理智突然斷線後的大發雷霆，所以請問問自己：是否有人挑起你的情緒，還是自己的反應太粗暴、充滿敵意，讓人措手不及。權杖五的出現通常代表紛爭。如果你可以整理一下自己的情緒，這場戰火或許可以很快得到平息。

在萊德・偉特・史密斯塔羅牌中，權杖五描繪了五位手持權杖的男人正吵得不可開交。我很愛笑這張牌的能量，就像是一群青少年男孩在後院張牙舞爪般地揮舞著棍子。如果你再仔細看一下，會發現其實根本沒什麼好吵的。

你再問問看自己：是否在面對某些情況時，我是以戰士的姿態回應，而非用愛回應。你在為什麼而戰呢？這件事情真的有這麼重要嗎？還是自己的態度因為火元素而變得過於高昂、激烈，甚至沒來由地感到挫折？

如果你抽到這張牌，先讓自己放鬆一下，面對任何障礙不要反應過度。人非聖賢，都是會犯錯的，會時不時做出一些無意的動作或者過度反應。當你發現自己白白浪費精力、徒勞無功時，這張牌正是在告訴你趕快脫離這個狀態吧！任何粗暴或極端的作為只會使

你偏離正軌。

請如實地檢視自己都把時間和精力花在哪裡，是否扛了太多責任在自己肩上？是否有太多大廚一起擠在廚房內？太多意見？太多期望？太緊繃？就是太多太多？

在你開始埋怨這些責任與期望前，如何才能夠讓你舒緩、釐清這些混亂呢？請記得，憤怒往往是從更脆弱的情緒所衍生的，可能是感到受威脅、寂寞、無價值感或者恐懼。事實上，權杖五可以讓我們分心，也可以幫助我們將注意力聚焦到源頭，開始重視自己的需求、能量和個體性。

｜連結權杖五｜

停下、放下，並且連結另一個不同的元素。如同失控的野火般，有時候最好的方法就是先冷靜一下，不要再火上加油。如果你下次又剛好抽到權杖五，你可以做一些讓你能抽離這股能量，並且回到當下（接地）的事情上。沖點冷水澡（水元素）、走到戶外與大自然（土元素）接觸，接點地氣，這兩個都是抽離情緒，把重心拉回到自己身上不錯的方法。

｜進一步反思｜

請在日記中寫下兩三件會激怒你、燃起內心怒火的事，可以是家庭成員的小舉動或者任何讓你感到煩惱的小事。

寫出來後，可以反思為何這些事情會讓你感到憤怒。在這些挫折感背後，你究竟有什麼樣的真實感受？

★ 我的意義｜權杖六 ★

我擁有的每一絲情感
交織成一匹溫暖我的嶄新布料。
我將一片片布料縫綴成匠心之作，
並在今日將它披掛在胸肩上。
這是我最美麗的鎧甲，
點綴著自我探索的勝利。

｜關鍵字｜

榮耀、勝利、被看見與聽見、找到自己的聚光燈、自信心、自我膨脹、公眾認可、好消息、成就、名聲、驕傲、領導力

｜意義｜

權杖六在塔羅中有勝利之舞的意義，我們一直在期盼這個可以展現天賦與成功的機會，現在終於有懂得欣賞及仰慕我們的人，會為我們的努力鼓掌歡呼。自信與驕傲的能量讓我們享受成為全場焦點，如果這張牌在占卜中出現，表示你可能會因為表現優異而備受賞識。恭喜！傳統上，這張牌上畫的是獲得勝利的戰士跨坐在馬背上，穿過人群凱旋而歸。我們可以假設他們剛經歷權杖五所象徵的戰役。

抽到這張牌時，問問自己，哪些人會注意到你和你的努力？你在哪方面做得特別出色呢？是不是該讓自己的創意和熱忱獲得更多的關注呢？

如果想要升職、加薪或在工作上獲得讚美，抽到這張牌有很好的寓意。在這個循環的早期階段，我們選擇冒險並追求獨一無二的特殊道路後，權杖六提醒我們只要忠於自己，就可以脫穎而出。大家都可以感受到我們的自信，溫暖又迷人。記得，真誠的你有激勵他人的力量，你值得在成就的榮耀中被人看見。

連結權杖六

低調炫耀自己吧！聽好，如果塔羅中有一張牌可以激勵信心，那就是權杖六。要低調（但也不要太低調）地跟其他人分享最近有哪些好消息、你的內在價值以及你有哪些突出的地方。你可以講給好朋友聽、發LinkedIn訊息給負責招募的人資，或是分享給在瑜伽課堂上願意跟你聊天的陌生人。在對話中聊到自己的成就沒有什麼不好，而且，不要擔心，這是正常健康的對話。

雖然權杖六通常跟工作有關，因為這張牌和我們的成功與熱忱相關，但也可以代表個人的勝利。舉例來說，我記得自己剛結婚時就是這樣，我真的經常不自覺把左手伸出來，像是面前有一隻趕都趕不走的蜜蜂，希望不管誰都好，能注意到我手上象徵攜手一生的新戒指。我當然很享受未婚妻的新身分，但我最期待的是大家看見真愛中的我，希望在社群網站上受到關注來慶祝這件事，同時也非常感激大家發訊息恭喜我的人生里程，這種慶祝並非讓人討厭的炫耀。愛我的人都知道我要先努力療癒自己，才能重新展開一段感情，也都理解我們擁有健康且真摯的感情。

你可以低調炫耀成就，因為這是你努力自我療癒，變成更好自己的最佳體現。

｜進一步反思｜

探索站在鎂光燈下的意義，想想有多少事情是因為你想獲得認可而做的呢？你能夠舒服自在地讓人看見你的天賦與技能嗎？可以先從：「對我來說，名聲的意義是X，如果我成功做到了，我會覺得……」。

★ 我的意義｜權杖七 ★

我的自我發出吶喊。

我的真我跟我說：「就只有這樣？」

我的自我大聲咆哮。

我的真我嘲諷我：「還不夠。」

我的自我放聲怒吼。

我的真我說：「我還是喊得比你更大聲」

關鍵字

自我防衛、堅定立場、保護自己、勇氣、界線、堅毅、勇敢、熱情

意義

簡單來說，權杖七這張牌的意義是：「給我他X的（可以自己填入想要罵的髒話）滾開！」（Back the [insert your preferred expletive] off.）。這是一張屬於保護的牌，通常和堅定立場與信念的考驗有關。

我最喜歡萊德・偉特・史密斯塔羅牌畫面中的一個細節是：這個男人穿著不同的鞋子，表示他根本沒有預料到這場戰鬥，但他還是挺身面對這個情況。

還有一個細節我也很喜歡，那就是他直接把權杖橫擋在身前保護脆弱的心臟，把所有會打壓他內在力量或心中光芒的事情都擋在外面。我覺得這張牌其實有著兩個極端的意涵：一方面是在稱讚擁有明確的界線，願意挺身出來保護自己相信的事情，但另一方面，也可以暗示某個人內心的防禦戒備和過度反應。

這張牌是數字七，從數字命理學的角度來看，這代表重新思考，還有提高自我覺察。如果抽到這張牌，你可能會發現你需要保護自己的選擇，並且大聲自豪地說出想法，你也有可能會接受到其他充滿防禦性的能量。你會發現這張牌的火元素非常兩極化，它是如此強烈且具顛覆性，但如果我們還沒準備好接受這個能量，就沒

辦法以創意或自信顯化出來，而會變成過度憤怒或自負。這就像一場野火，溫度隨著牌卡數字上升不斷增加，每張牌都會變得比上一張更加瘋狂且難以控制。

｜連結權杖七｜

這張牌帶有領地意識和野性的感覺，我們與生俱來的本能之一就是提供身體滋養跟食物，當身體、創造力和內在能量需要大量勇氣和精力時，就需要透過食物和養分來滋養內在力量。

抽到這張牌時可以思考自己的飲食品質，並食用跟太陽神經叢有關的食物。可以攝取豐富的全穀食物和充分的蔬菜來維持精力，和這個脈輪／元素有關的食物有黃扁豆、南瓜、檸檬、鳳梨、香蕉，以及像糙米或番薯等複合碳水化合物。

｜進一步反思｜

在日記本中，寫下哪些事情是為了擁有熱情的生活而無法妥協的，幫助你了解自己的創意之火及內在勇士需要什麼，才能維持真實以及忠於你的目標。

要具體寫出哪些事物**不被允許**進入你的光芒（能量場）和生活中，了解那些會阻礙你的道路及影響天賦的事物，例如辦公室的流言蜚語、只想獲得好處的朋友或是酒精等等，然後再寫下可以保持信心高昂和帶來能量的必要事物。

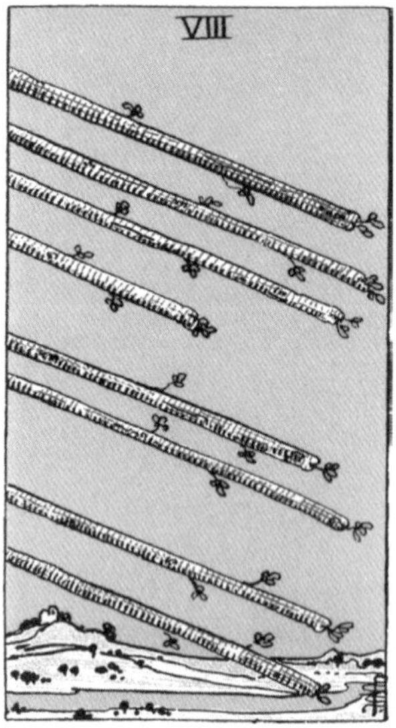

★ 我的意義｜權杖八 ★

擁抱自己，

突破一切。

｜關鍵字｜

速度、移動、擴展、旅行、自由、令人興奮的消息、意想不到的機會、充滿希望、期待、交流與向外拓展

｜意義｜

在權杖的循環週期中，權杖八帶有歡迎的能量，數字八火熱的能量就像宇宙在提醒我們：傾聽自己內心的重要性。它可能帶來意想不到的機會，或某場巧合的相遇，讓事情突然加速發展。這種能量雖然常常讓人措手不及，感覺像從天而降的一張王牌，但它其實正把你推向更滿足、更有意義的命運。我覺得這張牌不管在哪一種情境都是一張好牌，因為這張牌帶來更多光亮與動能，不管是自我療癒、關係發展，還是工作上的進展，它都能幫你加速前進！

萊德・偉特・史密斯牌組的權杖八並沒有描繪任何人像，只有八根能量蓬勃的權杖整齊劃一的在空中飛翔，這張圖的意象完美詮釋了權杖八與採取特定行動沒有關係，相反的，這關乎的是引導並接收來自宇宙的能量與支持。當我們需要動能或高頻能量的肯定時，這股能量就會前來幫忙，讓我們自信地跟隨信念踏上正確的道路。權杖八的能量也會介入並帶我們走向更好的方向，讓我們懷抱目標繼續療癒並提升自我。這張牌也顯示宇宙會給予我們勇敢後應得的體驗與機會。

這張牌也代表旅行，不管是計畫度假旅遊、接觸更多主題、探索文化或尋找新的環境，這張牌都在告訴大家離開自己的舒適圈。

｜連結權杖八｜

稍微變化一下自我照顧的方式。選一個你平常固定會做的活動，例如寫日記的時間跟方式、喜歡的健身課程或工作時聽的音樂／Podcast類型，接著，換個做法！這樣的小調整不但能讓你跳脫原本的慣性循環，說不定還能激發新的靈感，開啟不同的思路與感受，讓你用全新的方式去接收和連結能量。

｜進一步反思｜

回想一下生命中那些意料之外、顛覆傳統或隨機出現但又與你契合一致的事件，提筆書寫與反思，與未來的自己連結並對他說：「今天我想要重新定義『冒險』與『未知』，我想讓它們不再那麼可怕。未來的我，我要跟你分享，那些意想不到的體驗有多美妙……」

★ 我的意義｜權杖九 ★

在多數的日子中，我都想要優雅而行。
可直至最後我只剩下力量。

｜關鍵字｜

疲倦與消耗、堅持與毅力、達成目標、韌性、覺得受傷、疲憊、信念的考驗

｜意義｜

當我抽到權杖九，我會聯想到拳擊教練在擂台角落幫選手加油打氣的畫面，他會幫選手按摩肩膀、遞水、擦乾汗水，然後再次讓選手回到只有自己但卻充滿熱情的比賽中。這張牌就是幫你加油打氣的教練，儘管你努力走到這一步，可能已經滿身瘀青且精疲力盡。權杖九提醒我們就算遇到挑戰也不要放棄，因為這張牌已經來到權杖牌組循環週期的末端，我們知道終點就在前面（終於快要結束了！），只要再努力加油一下，就能好好慶祝，雖然身體筋疲力

竭，你的靈魂依然強壯堅韌。

如果抽到這張牌，可以回憶一下權杖王牌帶來的靈感啟發，這是你踏上這趟旅程的起點。火元素能量驅使我們脫離平凡，不再遵循原本預期的道路，而是踏上奇妙又獨特的旅程。這需要勇氣才能做到，這張牌是在告訴你：是時候為自己再加一把勁，好好完成你一路走來的努力。你怎麼回應這股能量，未來會成為讓你驕傲回首的時刻。

連結權杖九

透過接受這張牌的挑戰及深入自己的身體來找到更多力量。在瑜伽墊上，從四足跪姿開始，手掌推地並讓肩膀對齊手腕，保持雙手和膝蓋穩定。準備好後，膝蓋抬高離開地面，進入高平板式（如要調整姿勢，可以讓膝蓋著地，稍微往後移動），腹部出力並運用核心力量，讓視線落在指尖中央，保持脊椎拉長，並記得持續呼吸。

穩住身體，平息內在覺得自己做不到的聲音，把維持這個動作的耐力當作模擬生活中遇到的考驗，試著多撐一會兒——比你以為的還久一點。在那段時間裡，對自己說些鼓勵的話，超越時間，也超越那個總在心裡唱反調的聲音。當你真的到了極限，讓膝蓋落到地面，進入嬰兒式，讓身體休息並感謝它完成如此困難的事情。

進一步反思

進入內心並問自己：「今天我覺得有多倦怠？」

把自己的倦怠感以一到十劃分等級，在日記本最上方寫下你的倦怠程度，並用一整頁紙來記錄自己為什麼會有這種感受，看看這種消耗是否值得，以及是否對讓你疲憊的事物仍感到熱情。

★ 我的意義｜權杖十 ★

我的指導靈試著引領我走向明晰，
他們知道我可能會陷入過去的苦澀中，
所以將我推向當下的光明。

｜關鍵字｜

負擔與壓力、義務與責任、掙扎、失去重心、沉重感、勞累過度、不必要的煩惱

｜意義｜

好吧，接下來講的可能比較難懂，但稍微想像一下你用手抱著十根大圓木。總共有十根。這樣一定很重，對吧？這些木頭限制了你想要前往的方向，而且還要想辦法把這些圓木抱在身前，不但礙

手礙腳，還很彆扭。

權杖十就是差不多的意思。這張牌象徵承擔過多責任，或是承擔別人的煩惱而沒有專注自我所感受到的不適和壓力。火元素獨特、閃耀且引人注目，就跟你一樣！當我們開始綻放內在光芒，跟隨命定道路自信地面對世界時，我們也會吸引其他人——甚至會有迷人的魅力。就像飛蛾撲火一樣，在這個循環週期中，你散發更多的溫暖和熱情，其他人也會感受到你的本質。當你擁有如此魅力時，也會因為你的天賦和力量，從其他人身上吸引更多責任和能量。

某種程度來說，這張牌是共感人的惡夢，它要求我們辨別哪些能量是真正該承擔的。這張牌上的人被背負的重擔阻擋了視線，甚至連面前的幾步路都看不清楚，所以需要從這些重擔中脫離出來。做為占卜者，我們可以把這張牌視為「卸下包袱」的機會，把背負的包袱拆開並重新整理。我們有機會選擇那些真正能啟發我們的事物，幫助我們履行責任，並妥善安排一切。

｜連結權杖十｜

打造一個柔和的環境幫自己充電，我們不僅能在這裡學會設立界線（現在就是設立邊界的時刻），還有機會重新平衡牌中過剩的陽性能量。權杖十出現時，身體、心智、靈魂可能都感到異常疲倦，在新的循環週期開始前，花時間充電並創造可以迎接更多柔和能量的物理空間。

以下是一些幫助你建立環境，創造更多神聖能量的建議：

- 使用擴香精油，並在空間中擺放鮮花與綠植。
- 在家中播放柔和的純音樂，避免播放會讓人興奮或焦慮的音樂。
- 遠離螢幕和人工光源，多到戶外曬太陽，在室內使用柔和溫暖的光線。
- 在家裡多準備舒適的毛毯、枕頭和衣服。
- 最重要的是，找時間在自己打造的神聖空間獨處，就算只是離開小孩一個小時或是遠離電腦一個下午也可以。

進一步反思

就像你在本章開始時列出權杖王牌啟發你的事情一樣，盤點一下，是什麼點燃了你內在的火焰，又是什麼讓它熄滅。現在，從日記中拿出一張紙，列出你每天的日常需求，你在哪些地方被需要、你有哪些責任、別人對你的期待是什麼、你每天做了些什麼。

接著，做一個簡單有效的練習，把必須完成的事圈起來，然後在你熱愛跟喜歡做的事情下劃線標註，再把可以卸下的責任打叉刪掉，設立界線、將事情交付給其他人，或減輕一些壓力。想要擁有充實又活力滿滿的人生，就要知道哪些事情無法讓我們感到充實或無法擁有內在力量，並採取行動減少這些事，幫自己獨特的內在之火創造更多燃燒與成長的空間。

★ 我的意義｜權杖侍者 ★

如果她沒有迷失在迷宮中，
而是選擇打破其中一面圍繞她的牆，
然後找到一條屬於自己的道路呢？

人格特質：尋求刺激、大膽冒險、打破規則、創意、領導者、旅人、有藝術天賦、順著感覺走、勇敢

｜意義｜

權杖侍者有一種感染力和驚奇感，我不會說這張牌是智慧或「老靈魂」。事實上，權杖侍者的血液內流動著相反的能量，驅使四處探索的渴望。侍者的能量喜歡玩樂及期待嘗試各種事物，他們知道當創意能量出現時，只要跟隨這種能量就可以從自己身上發現新的事物。

在教導新手占卜師這張牌時，我都會講同樣的笑話，要大家想像一個射手座年輕人第一次去參加瘋狂的火人祭（Burning Man）（每次都會讓大家笑出來）。侍者的能量不會去管其他人對他們的看法，由於自身的魅力，他們不僅能度過一段美好的時光，還能吸引並激勵大家欣賞他們的大膽無謂。他們選擇以創意的願景自由自在地展現自己，並呼籲大家透過旅遊、探險及追求新興趣來展現自我。他們也具備天生領導者的能力，隨著時間晉升為其他的宮廷牌角色（騎士、皇后，最終成為國王）。但現在，他們還在享受當下，將生活變成一場冒險。

如果抽到這張牌，問問自己最近精神是否充沛，生活是否活力旺盛。這種孩子般的特質喜歡色彩繽紛的世界，不願世界變得灰暗無趣。思考一下自己內在小孩的光芒是否正逐漸黯淡，詢問自己（還有世界）一些問題來幫助你脫離目前的困境並回到讓你興奮的願景中。

權杖侍者的引導

凝視火焰（或蠟燭）。權杖侍者充滿強烈的驚奇感，其元素的靈感也顯而易見，可以透過這個睜眼冥想的技巧，凝視火焰搖曳的舞姿，建立與火能量的緊密關係。這種冥想方式也稱為燭光冥想（Trataka），是一種可以增加注意力和穩定紛亂情緒的瑜伽練習。

和火焰或蠟燭維持安全距離並凝視火焰，同時專注於自己的呼吸、注意力和內在之火。

進一步反思

回想曾經心血來潮、拋下傳統及鼓起勇氣為自己冒險的一段回憶，寫一封信給那個大膽冒險前的自己，恭喜自己有勇氣踏上新的探險。

★ 我的意義｜權杖騎士 ★

當我真心喜愛與欣賞
從內心深處
讓我感到溫暖的能量後，
我的溫暖似乎，
吸引了更多人。

人格特質：充滿魅力、擅長社交、迷人、溫暖、幽默、盡職盡責、適應力強、激勵人心、獨特、歡樂有趣、有野心、友善、有遠見

｜意義｜

權杖騎士的行動迅速，因為他的使命對他而言十分重要。他心懷大膽不凡的願景，以自己獨特的方式建立人生，拋開規範行動，他可以憑著直覺、天賦及自信的目標打破世俗的界線和限制。權杖騎士是一名開路先鋒，透過自己的努力、創意才能和領袖特質改變世界，他明白自己的吸引力，而且我認為不僅如此，他也知道自己的魅力可以擄獲支持者的心，可以收穫一群會在他成功時高聲歡呼的觀眾。

當騎士透過這張牌帶來火焰和熱情時，請滿懷期待，騎士的能量可以感染他人並深入各處。由於你擁有自信以及與內在力量連結，你最期待的夢想已經近在咫尺。這張牌可能在問你是否願意為了自己冒險，因為你知道，自己的真正天賦終有一天會獲得認可。

權杖騎士的引導

想像一下你理想中的結果。暫停手上的任務，並進一步思考更大的格局。你為什麼要做現在做的事呢？

權杖騎士具有看到更大願景的能力，這就是為什麼他能出色地帶領團隊獲得勝利，或是推動更具影響力的任務或冒險的原因。他願意努力（所有的騎士都會採取行動），也擁有明確的目標，以及賦予狂野夢想一個機會的堅定信心。

寫下你對世界做出的貢獻，不要忽略你替家庭、家人、工作所做的事情（不管大或小）。你每天做的事情為世界帶來什麼呢？

完成後，檢視你的清單，然後問自己：

- 我正在做的事情背後，更大的願景是什麼？
- 我為什麼願意做這些事？
- 這些事情有哪些關聯和共同性呢？

你可以先隨意寫下內容，重新閱讀後，試著幫自己寫一份願景說明，這有助於你將注意力轉移到想要達成的目標上，以及思考你能帶來多大的影響。我們的力量就像水面上的漣漪一樣，可以讓更多人感受到。

｜**進一步反思**｜

在日記中，寫下大家對你性格與特質的讚賞，透過其他人的眼光來認識與欣賞自己。接著，用下面的提示幫自己反思：「我的才能包含了X、Y、Z，我運用這些才能的方法有……」

★ 我的意義｜權杖皇后 ★

當我擔心自己太過分
或覺得我「太超過」時，
我就會想起我們的各種渴望。
貪婪地追求，
我們在性、甜食和金錢中尋求慰藉，
過多或剛剛好之間的平衡，
往往成為一個問題。

或許我讓其他人覺得不舒服，
或許我很誘人，
或許我讓人欲罷不能，
或許我只是做我自己，
但無論如何，我決定，我，就是剛剛好。

人格特質：精力充沛、女性特質、強壯、大膽、有主見、保護

他人、多面向、堅韌

意義

這位皇后的出現深深吸引大家的目光，人們想知道她的故事，了解她的故事是如何展開的。她是塔羅中的典型酷炫女孩，身上散發一股讓人仰慕（又或是羨慕）的特殊能量，這是無法克制的感覺，這位皇后有種特別的「魅力」，她真誠、溫暖，且個性充滿感染力，讓你有被她看見、聽見、並受邀進入她生命及生活圈的感受。她是社交圈的皇后，不管是透過表演藝術或追求創意或熱情，她都會站在鎂光燈下。她想要更多關注時就會大膽勇敢地說出來，始終堅守自己的價值，她也是會率先挺身出來捍衛心愛之人的女王。這個原型見證了陰暗與困難，並從人生過往困境的療癒和韌性中建立自信，如果妳在占卜中也感同身受，請記得自己也有這種女性力量及神聖之力，妳有自信的底氣，所以不要退縮，把握機會分享自己的天賦和技能，妳的光芒不會就此熄滅，只要連結權杖皇后的力量，妳的靈性會從過往的灰燼中重生。

權杖皇后的引導

享受肉體上的歡樂，擁抱自己的性慾。性是我們原始自然的本能，跨越各種光譜，值得我們探索和懷疑。每個人對性慾的表達都是獨一無二且充滿個性，但火元素和這套牌組蘊含的性能量十分強烈，權杖皇后是當中最具體展現且毫不隱藏的一張牌。如果抽到這張牌，妳可能正享受自己的能量，並散發天然的性吸引力與自信，所以要熱情投入這種能量，自己來或跟伴侶一起享受都可以。揮別那些跟壓抑性慾有關的父權主義或窒息想法，把讓自己覺得性感的方式寫下來並重新擁抱它們。

｜進一步反思｜

回想生命中對某個人、某件事或某些地方做得「太超過」的一段回憶，確定這段經驗與哪一種情緒有關，再思考一下這種感覺是否讓你覺得羞恥、尷尬或自我否定。

閉上眼睛坐著，把手輕柔地放在太陽神經叢上（肚臍上方的位置），給自己的感受一些空間，然後柔和地肯定自己：「我的光是我自己的，我覺得我已經夠好了。」

然後在日記中，針對「夠好了」繼續探索，並寫下：「我已經夠好了，因為……」

★ 我的意義｜權杖國王 ★

我再也不會活在
不斷道歉的陰影當中。
我不會一直追求其他人的肯定，
而是選擇在對自我的了解中
以及屬於自己的認知中茁壯。

人格特質：有目標的領導者、指揮能力、男性特質、有才華、王者風範、創業精神、有吸引力、驕傲、強大、不留情面、霸道

｜意義｜

當國王牌出現在占卜時，他擁有令人敬畏的力量，可以震懾所有人。帶著滿滿的自信，國王在宮廷牌中的地位不容置疑，他以領袖風範獲得這個尊稱，並在這個角色中壯大。國王絕對是高瞻遠矚的人，當他能落實自己的願景並引領其他人一起邁向相同的道路時，便會感到精神抖擻。這位國王會竭盡全力透過自身的創意、創業才能和深刻的自我了解來激勵他人。但權杖國王也有高度的男性特質，有時候會讓人覺得自大、麻木冷漠，或想要搶先一步而輾壓其他人。

毫無疑問，權杖國王是宮廷牌中最具天賦的領袖，如果占卜中出現這張牌，代表你的信心與領導能力正在展現並受到鼓勵。現在是自私追求自己內心想法的時刻，要相信自己的能力，並大膽放手去做！

如果你覺得這張國王牌代表你生活中的某個人，可以思考一下他們的溫暖是否幫助你找到自己的內在光芒，還是熱情地分散了你對目標和期望的注意力呢？

｜權杖國王的引導｜

試著指導一位正在學習、會感激你引導的人吧。當我們達到一定程度的技能水平後，可以選擇競爭，盡可能掌握更多權力，努力

成為最優秀且唯一的領袖；我們也可以選擇分享這股力量，給那些還在發展自身技藝與信心的後輩。如果好一陣子都出現這張牌，要記得自己是強壯的、能力卓越的，並擁有許多值得驕傲的地方，或許是時候，把這些分享給一位正在學習中的人——他們會因為你分享的熱情與智慧而感受到支持與啟發。

｜進一步反思｜

權杖國王呈現的是「不是喜歡他，不然就是討厭他」的個性類型，在日記中，針對以下敘述進行反思：「我沒辦法讓所有人都喜歡我，但沒關係。我透過以下方式忠於我自己和我的願景：……」

Chapter 11

大阿爾克那：我的故事

我已經和大家分享了許多關於我的故事，現在是時候讓你利用剩下的二十二張牌，專注並慶祝屬於你的故事。我們知道，大阿爾克那在塔羅牌中具有舉足輕重的影響力，因為它象徵著我們靈魂成長和靈性進化的強大推力。這些原型人物背後隱含著不同的祕密，像是內心深處的整合度、崇高的目標，以及真實的自我表達。它們是塔羅系統中的核心角色，也是我最喜愛的部分。如果你認為國王和皇后代表「主角的力量」，那麼等你在這些牌組中遇見那些靈性導師時，會有更深的體會！

大阿爾克那的原型人物如同鑰匙，每一張都能解鎖我們內在的某個面向。它們溫柔而謙遜，提醒我們跟隨宇宙的能量流（相信我，有時這過程像極了雲霄飛車）。在你探索完金幣的物質面、聖杯的情感面、寶劍的理性面和權杖的熱情面後，你現在已準備好與愚者一同踏上一段更加靈性的旅程。

我曾讀過一句有關塔羅牌的話（但我到現在都想不起它的出處），指出大阿爾克那與小阿爾克那的差異，這是我所看過最棒的描述：大阿爾克那承載宇宙的能量，而小阿爾克那則指引我們該採取什麼樣的行動。

當我讀到這句話時，心中忽然有所領悟。我立即意識到，我並不需要明確知道如何應對這所有七十八張牌的方法，我只需要承認和尊重它們試圖想要教導我的課題。大阿爾克那牌會創造一個主題，並深入解析其意義，而小阿爾克那牌則像指南，為我們提供如何從 A 點到 B 點的具體指引。

在本章中，我將分享一些寫作引導和肯定語，而不像前幾章那樣著重於實際的儀式或具體練習。你可以將肯定語視為基礎信念，在你探索不同的靈魂課題和人生章節時，可以對自己重複這些話語，就如愚者一樣。每個肯定語後的寫作指引會邀請你回到某段記憶或經驗，去對應每一張牌的主題。透過這樣的方式，你可以更清楚地看見：原來你早已在生命中，親身體會過這些複雜的原型能量。

提醒

由於這些牌的基調與我們先前學習的牌稍有不同，我希望提供一些溫柔的提醒和解讀建議，幫助你更好理解本章的二十二個大阿爾克那主題。

1. 故事不可能真正走到尾聲

愚者的旅程不斷在變化與成長，正如你的經歷一樣。雖然世界牌標誌著一個循環的完成，但新的循環總會隨之開啟，引領我們進入下一個全新的開始。塔羅牌的系統是有循環性的，沒有絕對的起點或終點。每次循環都是一個機會，讓我們看見新的智慧，並且能夠連結更深的內在狀態。在塔羅牌中，如同人生一樣，我們總有第二次（甚至第三次、第四次……）機會。

2. 耐心是一切

這些牌卡的進展速度緩慢，就像貫穿一生的過程。我們可能已經習慣了權杖牌的迅速燃燒或是聖杯牌的節奏流動，但身為新手，大阿爾克那需要我們用最大的耐心來體會。這些牌所呈現的是更深刻的生命課題，需要時間去探索、面對，甚至在靈魂層次上的領悟與整合。即便現在這些牌可能讓你覺得難以應用或與生活連結起來，這是很正常的！你和愚者一樣，不斷在成長。隨著意識的擴展和直覺的增強，這些課題會在適當的時機深植於心。

3. 在占卜時給予大阿爾克那牌足夠的重視

我不希望任何一張牌會讓人感到恐懼或不適，但我鼓勵你去重視大阿爾克那牌所帶來的深意。它們的內涵錯綜複雜，引領我們帶著信心邁出關鍵一步，甚至成為生命中值得回顧與銘記的重要篇章。基於這個原因，請你在占卜中賦予這些課題應有的重視。在占卜時，你可以很直覺地讓大阿爾克那成為貫穿整個牌陣的主線或主題（我認為，真的*必須*如此），而且我喜歡先檢視大阿爾克那牌，然後再檢視小阿爾克那牌。如果同時有數張大阿爾克那牌出現，我會花更多時間反思、思考，並特別專注於這些牌的意義。

4. 注意細節

塔羅牌中的每一個細節都是刻意安排的。創作牌卡的藝術家會精心選擇顏色、場景，甚至人物所面向的方向。每一處的存在皆有其原因。你可以仔細觀察每張大阿爾克那牌，尋找那些看似細微但意義重大的細節，因為無論使用何種牌組，這些牌往往蘊含大量象徵圖示。在本章中，我會針對每張牌提到一些符號，尤其是我在學習萊德．偉特．史密斯牌組時印象最深刻的符號，但這只是皮毛而已。我鼓勵你深入探索，尋找更多隱藏的細節。

5. 享受這段旅程

儘管塔羅帶來的主題和課題並不總是令人感到舒服，我還是相信我們依然可以讓這個過程保持愉快。享受這趟探索之旅，如果你剛好是塔羅新手，更需如此。我經常在第一堂塔羅課對學生說，我其實很嫉妒他們，因為這是他們與牌的第一次接觸，可以體驗它所帶來的魔力，那些準確而深刻的訊息總是讓人驚嘆與欣喜。

作為一個每天在日常生活中都會抽牌的人，我可以告訴你，這個練習的神聖性與特別之處始終存在，因此要持續保持學習的樂趣，該輕鬆時便輕鬆，切勿停滯不前。牌卡就像是我生活的夥伴，既熟悉又舒適。而我的抽牌練習也提供了一個安全空間，讓我可以珍惜並敬重自己。但我依然記得最初的體驗，那時牌卡還像是陌生人一樣，每次我接觸塔羅牌時，內心都會小鹿亂撞，就像是為期盼已久的首次約會做準備。正如每一次新邂逅時內心都充滿脆弱感，直覺的「感應」也讓我的內心像被微風吹動般輕微地顫動。這種直觀式表達的喜悅可以讓你重新擁抱陰性能量並接受直覺的天賦，也提供了一個機會，讓我們能更自在地擁抱這份曾經被誤解、被看輕的直覺練習，不再為練習塔羅感到不好意思。朋友們，享受這段回歸自我的旅程吧。

★ 我的故事｜愚者 ★

心中充滿焦慮不安，我明白
是時候迎接嶄新的階段了。
我望著一個自信、
卻也有些許不確定的身影，
去挑戰最艱難的事情：
跳躍，
無法預知什麼或誰會接住我，
除了我自己。

｜**關鍵字**｜

勇於冒險、帶著信任跳入未知、新的開始、自由、愚蠢、重新自我定義、天真無邪、跟著感覺走

元素：風

｜意義｜

編號為零，這是塔羅牌的第一張牌，象徵著我們旅程的真正開端。在這段旅程中，塔羅牌的主角——愚者，僅僅瞥了一眼，便毫不猶豫地跳入未知，完全沒有考慮後果，他相信自己會在途中學會所需的一切。作為占卜者，每當我們坐下來抽牌，並將訊息與自身記憶和經歷連結時，其實都在展演這張原型牌的精神。

透過與他人和自己的連結，愚者正在追求及探索自己的個人身分、神聖使命與靈性成長。這張牌也描繪了一個年輕，或許有些天真的角色，但同時也充滿勇氣與智慧，因為他願意信任並臣服，而我們知道，這會暴露出極大的脆弱面。

作為新開始的象徵，我認為這張牌提供了重新定義自我或清除過往的機會，不再評判過往，而是帶著自發性與熱情邁向未來。如果你渴望改變、新鮮感或新的方向，這是一張很棒的牌。有時候，初學者比那些擔憂和恐懼的專家更有洞見。無知即是福，不是嗎？愚者享受著這段不被他人所影響的旅程。

某些視覺元素和符號進一步突顯了這股能量。首先，愚者站在山脈邊緣，山脈在塔羅中象徵挑戰與障礙。周圍有大量的黃色，天空十分晴朗，還有陽光照耀在他身上，使他散發出樂觀與正向的能量與光環。他只帶著一個小行囊，選擇在踏入新篇章時輕裝上陣，計劃沿途尋找他所需的一切。他的忠實同伴——一隻狗，忠誠地跟在他身邊，但牠也發出警告，提醒愚者他固然勇敢，但並非無敵。

愚者牌的肯定語

「我接受一切未知，因為每次躍進總是讓我更進一步認識自己。」

連結你的生命歷程

在日記中，寫下一件你尚未準備好便展開嘗試的新事物。

★ 我的故事｜魔術師 ★

魔法
無需追尋或信仰，
魔法
一直都在自身之中。

｜關鍵詞｜

一致的行動、顯化、採取主動、力量、技能、專注、影響力、意志力、不讓任何事阻礙你

元素：風

｜意義｜

魔術師帶著決心，驕傲地站在我們面前，充滿無與倫比的自信，舉手投足間展現出力量與優雅。這張牌象徵我們將最大的夢想與願景變成現實，它讓我們窺見自身的潛力，激勵我們認識到自身的偉大，並突顯我們藉由個人力量、積極行動與專注力來與宇宙共同創造的能力。抽到魔術師時，可以想想自己如何透過主動行動為自己吸引和創造更多可能性。

這位原型人物擁有四大元素的和諧平衡：火的熱情、風的適應力、水的直覺和土的穩定與理性。這些元素共同作用能夠調和魔術師的天賦和技能，讓一切相輔相成。如果在占卜中看到這張牌，不妨思考自己天生所具備的能力，並勇敢地向世界展示！

有時，這張牌會傳遞出「弄假直到成真」的能量。儘管魔術師僅僅是大阿爾克那探索靈魂之旅的一小步，他仍然展現出一種自信的氣場。即便其中帶有些自我膨脹的意味，但無可否認的是，在塔羅牌中，魔術師確實能夠展現力量與自信。

魔術師牌的肯定語

「我選擇與生命的魔法協調共鳴。」

連結你的生命歷程

在日記本中，請寫下你曾經自信且完美執行某件事情的經歷。

★ 我的故事｜女祭司 ★

小時候，奶奶教我
在滿月時嚎叫，
那是少數幾次，讓我意識到
身為女人是有意義的。

我們抬起頭，
站在被月光籠罩的舞台上，
在聚光燈的照耀下，
將聲音透過力量核心的擴音器放大，
我們大聲嚎叫。

那一刻，我感覺自己無所不能，
然而日出後，我又莫名地沉默下來。

如果有一天我有了女兒，
我也會帶著她對著月亮嚎叫，
並且在每個清晨喚醒她，
對著太陽咆哮。

｜關鍵字｜

直覺連結、心靈能力、內在智慧、感知看不見的事物、等待答案而不是尋找答案、神祕、感性、潛意識

元素：水

｜意義｜

這張牌流動著一股神祕和誘惑的氛圍，引領我們探索自身直覺的深度與更高的意識。女祭司洞悉萬物奧祕，是徹底的靈視者。她掌握著靈性智慧與資訊，如果我們選擇探索並進入內心新的領域，這些智慧便會成為我們旅程的一部分。我最欣賞這個原型人物的特質，是她以微妙、柔和的方式表達出豐富的意涵，讓我們明白最深刻的能量並非總是顯而易見的。

在萊德・偉特・史密斯牌組中，女祭司坐在兩根柱子前，身後是一片象徵豐盛肥沃的石榴。她的姿態充滿吸引力，而塔羅牌中的柱子暗喻著更深層次的訊息。她讓我們明白，若能信任自己的靈性能力，我們便能體驗到與高我甜美而強大的連結。「你也想見見自己的高我嗎？」她微笑著問道。

當女祭司出現在占卜中時，她提醒我們少說多聽。她的出現暗示著我們可以開始運用並表達自己的直覺，去發掘內在更深的力量。這張牌希望我們優先信任並依賴自己的直覺與「第三隻眼」的洞察力。魔術師教導我們如何透過行動去推動並創造改變，而女祭司的智慧則啟發我們在恩典中尋找空間、資訊與連結的契機。

女祭司並不急於行動。當你是為自己解讀這張牌時，要知道你即將獲取更多資訊。等待有時比急於應對更具幫助。

女祭司牌的肯定語

「我信任內在神聖的深層智慧，並相信我的高我會向我傳遞訊息。」

連結你的生命歷程

在你的日記中，寫下你生命中直覺力特別敏銳的時刻。是什麼帶領你走向這份清晰？

★ 我的故事｜皇后 ★

身為女性，我們就是如此……

能夠同時身為
畫家與繆斯，
孩子與母親。

赤裸裸地站在鏡子前，
告訴我——
你看不見藝術的美。
告訴我——
你不相信奇蹟的存在。

｜關鍵字｜

豐盛、女性特質、孕育能力、神聖母親、女創造者、和諧生活、健康人生、藝術、自然之美、親近大自然

元素：土

｜意義｜

皇后象徵滋養、孕育，是大阿爾克那中的母親原型，深知自己肩負著神聖而重大的角色，並對此懷有深刻的敬意。她引導塔羅占卜師們察覺美和藝術，以及塵世經驗與物質層面的奇蹟。她讓我們知道——美不只是我們所看見的，它也會透過我們說話、透過我們流動。我們每個人，其實都是神聖的創造者。

這張牌散發著女性與感官魅力，讓我們沐浴在神聖的愛之中，讓我們懂得珍惜地球和子宮所蘊含的創造潛力。皇后深知：她能在內在孕育出一個世界，如同她所喜愛的自然與環境一樣令人滿足，使她樂在其中。這種充滿活力的展現是她的天賦，教導我們安心地欣賞自己的身體，也接納那些自然存在的不完美。也因為這樣的態度讓她能夠為自己創造出更多，輕鬆地顯化眼前這一切。她是一位擁有神聖力量的女性，邀請我們坐下來，真實地體現自己的價值。同時，這張牌也可能鼓勵你孕育某些事物，或毫不保留地向世界分享某個屬於你獨一無二的東西。

皇后牌無疑是一張與懷孕相關的牌，但請記住，「誕生」的意義遠不僅限於創造新生命。這張牌也代表創意的計劃、健康與智慧的人際關係、第二脈輪的療癒，以及對母性創傷的課題。我經常將這張牌視為成為女人的必經儀式與成熟女性的象徵。我總是很開心能將這張牌分享給那些渴望更愛自己的女性客戶，享受自己作為母親、夢想家、藝術家或繆斯的甜美感受。

傳統上，皇后被描繪為坐在一個有著柔軟靠枕的寶座上，四周被茂密的樹木和自然環境環繞，象徵她作為自然界女王的地位。這張牌提醒你檢視自己身上是否流動著母性能量，不論是實際的還是隱喻的，並且是否正在享受與擁抱這股女性的能量和天賦。

皇后牌的肯定語

「我是神聖的化身，在神性之中創造並分享藝術。」

連結你的生命歷程

在日記中，反思你對「母親」這個詞的關係與經驗。

★我的故事｜皇帝★

沒有什麼比引擎平穩的嗡嗡聲
更讓人感到安心，
當我在半夢半醒間凝望窗外，
你駕著車載著我們開往回家的路上。

| **關鍵字** |

父權、穩定、權威、結構、基礎、保護

元素：火

| **意義** |

作為大阿爾克那中的大家長，皇帝是男性原型的象徵，代表著強大的權威、掌控力與力量。皇后則是相對應的神聖女性原型，主宰著大自然與有機創造的世界，而皇帝則掌管物質世界，並強調邏輯與結構。由於皇帝充滿務實精神，遵循規範和條理，許多占卜師在解讀這張牌時可能會本能地抗拒他的能量，覺得皇帝過於嚴肅甚至乏味，彷彿是一位父親在沒有主動要求的情況下給予各種意見。

當這張牌出現時，我建議你停下來反思，看看這股能量是否真的讓你備受壓迫。儘管皇帝看似有男權至上的傾向（因此我們可能對其反感），但他的意圖是純粹的。我覺得這張牌的美在於，他非常認真地看待自己作為神聖供給者的角色。坐在王位上的他充滿自信，努力保護、支持並優先考慮家人與所愛之人。

多年來，在我的塔羅占卜經驗中，我對皇帝牌的理解也有所轉變——從控制欲和對規則的過度執著，變成一種提醒我奪回自己生命掌控權的重要課題。皇帝試圖將他的力量分享給我們，幫助我們將他的領導能力運用到我們所關心的事物上。他引導我們與自己的意志連結，從而執行並實現那些在大阿爾克那前幾張牌中所發掘的夢想與意圖。流浪的愚人若沒有穩固的結構，將無法成長和進化。

因此，在他旅程中的這個階段（也是你的旅程），皇帝提醒我們是時候檢視自己的系統、組織方式和運作流程了。

你會注意到牌面上的皇帝全身幾乎都是紅色，這是個人力量與強烈的象徵。他左手握著一顆金色小球，代表他所統治並支撐的世界。在圖像中，這位父親擁有一個充滿可能性的世界，而你也同樣擁有這樣強大的力量。

皇帝牌的肯定語

「我擁有領導的天賦，而我使用這個力量來保護他人，不威脅，不脅迫。」

連結你的生命歷程

寫下你曾經體驗過神聖陽性能量的經歷。

★ 我的故事｜教皇 ★

我的靈性不在我之上，
而是深植於我心中。

｜關鍵字｜

追求知識、神聖智慧、導師、傳統信仰、倫理與道德、履行承諾、遵從傳統道路

元素：土

｜意義｜

教皇是大阿爾克那中的靈性導師，以傳統、博學和嚴肅的形象與我們對話。他提醒我們，人生的旅程中，我們始終在尋求理解與歸屬。他強調社會所依循的制度、秩序與結構，包括高等教育、有組織的宗教、共享價值觀的社群以及婚姻等契約。然而，由於其傳統性的特質，人們常對這股能量感到抗拒，或者認為它過度僵化而不具任何支持性。在經歷了魔術師與女祭司帶來的靈性覺醒，以及皇后與皇帝所塑造的個人認同階段後，年輕的愚者對自我有了更多認識。此時，教皇的出現，成為他旅程中的下一位導師，引領他進入更高層次的學習。

教皇的使命是傳承他的靈性價值觀，因此在解讀中，這張牌也可以象徵師生關係。牌面上，教皇坐在兩根柱子間，面前有兩位坐著或跪著的追隨者，吸收教皇的智慧以便進化為他們所注定的角色。傳統上，會有兩把交叉著的鑰匙在他面前，分別象徵意識與潛意識，代表我們經驗中的兩個對立卻又必要的面相。他彷彿在向我們提出挑戰，使用這些同樣的工具，去解鎖內心深處的新知識與洞見。

教皇也如同導師一樣給予我們新的內在智慧，透過忠誠與反覆學習，使我們融會貫通，最終傳承這些智慧，成為他人的導師。當這張牌出現在占卜中時，它預示著傳統學習與靈性追求的重要性，提醒我們需要「按照規則」來實踐靈性。問問自己這個問題：你是否正在盲目追隨大眾主流，而非成為掌控你命運的引路人？

教皇牌的肯定語

「我的高我渴望新的知識，而我相信我會找到屬於自己的導師。」

連結你的生命歷程

寫下你曾經順從現狀或按照他人期望行事的經歷。這對你有幫助嗎？

★ 我的故事｜戀人 ★

我曾經也做過選擇。
而我的選擇是根據邏輯和其他人的需求以及對我的期望。
今天，我要像孩子一樣裝傻。
我會根據自己的內心來做選擇，
就像戀愛中的愚者。

關鍵字

愛、和諧關係、靈魂伴侶、結合、信任、基於價值的決定、平衡、和平

元素：風

意義

這張牌可以用兩個字做總結：和諧。在這張牌的殿堂中所建立的關係，是能滋養靈魂、令人滿足且充滿靈感的。戀人牌代表著所有在我們的生命歷程和心中占有一席之地的人。在大阿爾克那的旅程中，愚者在這個時刻意識到自己無法、也不應該獨自經歷這段生命週期。愛與真摯的連結是我們與生俱來的兩項權利。

雖然先前的原型人物能夠反映出我們個人認同的某一部分，不過到這牌時，能量會開始轉換，我們更加依賴且專注於與他人的連結。這張牌所對應的關係是充滿愛的關係，而我們在這關係中能找到豐盛、意義和合一的力量。這張牌絕對是指向充滿承諾和潛力的浪漫關係，而且生命中各種靈魂契約（包括柏拉圖式）也受到這股能量掌控。

除了迎向愛情，戀人牌也反映我們的核心價值。上一張「教皇牌」中，我們探索了社會對我們的期望，還有我們是否能夠承受這些壓力。而這張牌是我們能夠去探討關係價值的機會，以自己個人道德為基準，然後詢問自己，一段關係中什麼最重要，然後以此建立值得信任的夥伴關係。當我們需要根據個人價值觀做出重大決定的階段時，戀人牌往往也會出現。找到支持我們理想的人，無論我

們選擇什麼道路，都希望我們能過得最好的人。

在塔羅牌中，如果牌面上呈現越多顏色、越繽紛，就代表能量是命中注定，並充滿希望感。在萊德．偉特．史密斯版本中，一對赤裸且面對面的戀人在天使的注目下（有些人認為這是大天使拉斐爾），站在彩虹底下正中央。當他人的能量注入自己的生命歷程時，生命會變得更加多采多姿、更立體，所以，當這張牌出現時，請看看周圍，看有沒有人讓你的生命更加美滿。

戀人牌的肯定語

「我歌頌著愛的頻率。我吸引那些與我內心旋律共振的人。」

連結你的生命歷程

請拿出紙筆，寫下你愛上某人的那一刻。

★ 我的故事｜戰車 ★

這不再是虛度光陰的問題，
因為總有新的時間
等待我們去把握。

關鍵字

雄心壯志、決心、自信、勇氣、意志力、成功、勝利、陽剛、蠻力

元素：水

意義

準備好，因為現在確實是出發的時刻了！戰車牌要求我們立刻行動和回應。這張牌充滿決心和勇氣，代表野心勃勃的能量。當你抽到這張牌時，很快便能感覺到行動時機就在前方。

當占卜中出現戰車牌時，你可以將這張牌視為一個靈性指引，提醒你去尋找振奮人心的機會。運用你的自信幫助自己開啟新的大門，探索新的機會和環境。戰車就如同一名勇士，憑藉自己的蠻力克服挑戰，並在過程中學習到自己的韌性。這張牌告訴我們：你不必總是接受「不」作為答案。

我想要你將這種能量想像成愚者的升級版，他現在擁有了一輛更高規的戰車。這位速度飛快的勇士，駕駛著他的戰車，以更快、更高效的方式朝目的地邁進。儘管前方的道路仍然是未知數，但現在的他擁有更多的知識，理解成功與失敗的潛在可能性。他的戰車由一黑一白的獅身人面像牽引，象徵著月亮與太陽的對立力量。背後是一座繁榮的城市，代表著他選擇離開的熟悉世界，提醒他這段旅程的意義。就如同魔術師一樣，他手持魔杖，將宇宙能量引入自己的身體，透過神聖連結顯化自己的願景和夢想。

如果這張牌在占卜中出現，請考慮當前所面臨的挑戰。請求你的指導靈支持你，激發你不常展現的雄心壯志與自信心。

戰車牌的肯定語

「我將恐懼放在一邊，轉而倚賴自己的願景。我可以的。我必將做到。」

連結你的生命歷程

回想你上一次憑藉意志力與決心克服障礙的經歷，並記錄下那次經歷中你所面臨的挑戰。

★ 我的故事｜力量 ★

我的第一副塔羅牌，在短短一週內
便少了一張牌。
當時我既焦慮不安又沮喪，責備自己
為何如此粗心大意。

我總是小心翼翼地對待牌卡，
每次請求指導後，還會輕聲向它們表達
感謝。
我怎麼會這樣？
我怎麼會這麼快就搞砸了呢？

作為一個剛開始抽牌並努力保持秩序的新手，
我忽略了一個重要的事情：
我的牌組，其實在用一種出乎意料的方式，
為我編織出了一個故事，引導我走向自己的使命。

那張我失去的牌——力量牌，
讓我多年來透過不完整的七十七張牌學習，
無意間挖掘出自己內心深處的熱忱與力量——
那些我從未察覺的潛能。

今天我終於明白，那張牌從未真正離開；
而是由我取代了它的位置。

｜關鍵字｜

內在力量、韌性、療癒、克服自我懷疑、自豪、平靜安詳、駕馭內在批判、溫柔

元素：火

｜意義｜

這張牌的意義深遠，牌面描繪一名穿著白衣（象徵純潔與善良）的冷靜女子，安撫著一頭不羈的獅子。她以溫柔的姿態馴服這頭可怕的野獸，使牠感到平靜，並接受她充滿愛的撫慰。她平息了野獸的狂性，象徵著力量可以化為溫柔，而療癒可以展現出和煦的

一面。力量牌引導我們面對內心和記憶中較黑暗的部分，並教我們用仁慈而非批判，去探索傷口的深度。

我喜歡這名原型人物的原因在於，她強調了自我同理心，講述我們如何在需要時安慰自己，保持穩定，並堅定地自我成長。力量牌象徵著我們以優雅的姿態所走過的戰鬥。當我們與這樣強大的能量有所連結時，應該為自己感到無比自豪。這張牌的課題正是勇氣，通過勇敢的行動來更加了解自己與生俱來的天賦和優勢。這張牌還反映了我們進行內在工作時所展現的勇氣與愛，用療癒者的愛作為回報，這種愛是源自我們自己，也存在於自己內心深處。

力量牌是對應戰車牌所象徵的蠻力與行動的陰性能量。當我為朋友或客戶解讀這張牌時，我不只喜歡提到他們的堅韌與力量，還會提到塔羅牌所展示的訊息：他們具有幫助他人療癒的潛力。我們每個人的故事中都有某些優雅且獨特的部分。這張牌通常會出現在我們即將發現內心使命的時刻，提醒我們有能力將這份能量分享及回饋給他人，讓他們從我們身上接收到這些細緻且動人的力量。

如果這張牌在占卜中向你表示認可，請繼續以你正在使用的方式療癒自己和他人吧，我的朋友。我唯一的建議是：多感謝自己，你真的很了不起！你已經用愛平息了內心野獸的咆哮，這是值得慶祝的成就。

力量牌的肯定語

「憑藉優雅與洞察，我能夠療癒自己與他人。」

連結你的生命歷程

寫下你人生中曾經需要展現堅韌與勇氣的經歷。當時的感受如何？事後又有什麼體悟？

★ 我的故事｜隱者 ★

在這個季節，我不斷地狩獵與採集，
尋覓著某些東西，不論是豐盛、安穩，
還是真理。

自給自足成為我的指引，
我提供一切給自己
因為這種自主與獨立
讓我感到充實與滿足。
我依靠自己赤裸而美麗的雙手
收集資源，築起我的世界。

｜關鍵字｜

隔離、孤獨、尊重自己的內在聲音、保有安全的空間、自我探索、啟示、內省

元素：土

｜意義｜

在大阿爾克那中，隱者是一位睿智、安靜的人物，享受著孤獨。他的存在散發著祥和與靜謐的氛圍。即便只是短暫的一下子，

隱者也是選擇獨立自處，與自己的內在連結。在占卜中，他不急於提供資訊或對話，可能只是靜靜地經過。他溫和的態度可能會啟發你暫時抽離社交，專注於自己的內心世界。

從牌面藝術而言，這張牌非常簡潔。一位年長的男子提著一盞燈，在陰暗的環境中獨自行走，那盞燈為他提供探索未知與尋求真理所需的唯一光源。我喜歡將這張牌與喉輪療癒連結在一起，透過消除周遭的干擾，讓內心的聲音浮現，傾聽深藏心底的真誠與智慧。如果你在友誼或社群中容易感到焦慮或相當依賴他人，這種向內的專注可能會讓你感到不安或脆弱。雖然「隱者」這個詞或許帶有負面意思，不過這張牌卻不代表孤立，而是鼓勵你建立健康的界線，保護你的內心平靜。

這張牌的出現可能是在提醒你，是時候計劃一個獨自旅行的周末，或將手機調成靜音，給自己一個獨處、完全沉浸在自身能量中的機會，幫助你加深對自己的理解與信任。當你抽到隱者牌時，它是在邀請你向內探索。我建議通過冥想或寫作來連接內在對話，因為這些練習往往比與他人交談更能提供深入的洞察。

隱者牌的肯定語

「我看見了靜止的意義，並相信自己的聲音，同時透過休息來珍視與尊重它。」

連結你的生命歷程

寫下你第一次向他人尋求建議，但最終還是透過傾聽內心的聲音而得出結論的經歷。

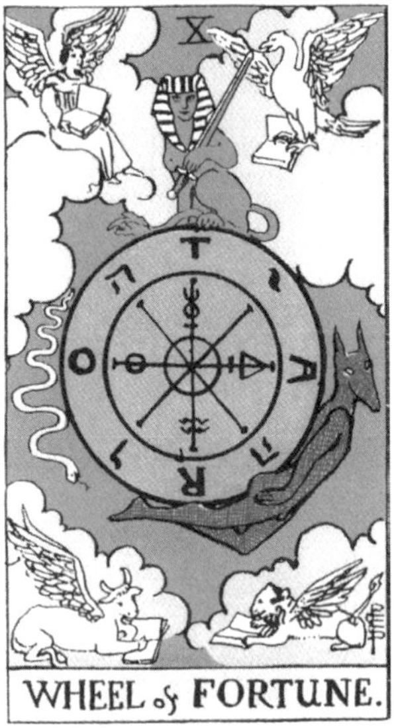

★ 我的故事｜命運之輪 ★

所有的一切都湧現而至——
新的生活、新的承諾，
將我推向了一條我從未準備好的旅程。
我用聲音表達，
不是抗拒，而是感恩。

｜關鍵字｜

幸運、命運、改變、命中注定、週期、不幸、放下控制、臣服

元素：火

｜意義｜

當命運之輪開始轉動（無論是實際還是能量上），將我們轉向新方向時，我們將願意信任比自身更偉大的力量。這張牌代表命運、幸運、新週期的結束與開始，堪稱大阿爾克那中的萬用牌。我視其為來自靈性指導與宇宙的提醒，像是灑落的麵包屑，證明我們

走在正確的道路上。背後正在醞釀某些變化，儘管我們目前無法了解具體的時間或細節，但我們能感受到四周將會有變動的能量。靈性正在策劃每一個同步性和偶發事件，為我們開創出未曾設想或計畫的全新道路。

如果你在占卜中抽到這張牌並為此感到振奮，那就太棒了！命運之輪是一個吉兆，預示著命中註定的機遇即將降臨，但它同時要求我們放下對控制的執著，為未知做好準備。

這張牌的正面能量重燃我們對命運和好運的信心，因此我建議你順勢而為。當我們與高我及更宏大的目標保持一致，並尊重過去所有的經歷與教訓時，宇宙就會加速我們的進展，以快速變化與轉型回應我們內在努力的成果。

你可能會注意到，抽到這張牌時，它的能量似乎來自外部，像是命運**在**我們身上發生，而非我們有意識地共同創造。這是因為命運之輪是大阿爾克那週期的中繼點，是一個徹底改變並讓旅程更加有趣的契機，它本來就不在我們掌控之中！

命運之輪牌的肯定語

「我願意迎接改變，讓它引領我前往真正屬於我的地方。」

連結你的生命歷程

在日記中寫下你生命中某個好運伴隨的時刻。這讓你有什麼感受？

★ 我的故事｜正義 ★

宇宙不會因為

你活出自我

而責備你、懲罰你。

｜關鍵字｜

公平公正、真理、法律、正義或不公、因果、決定，事實勝於感受

元素：風

｜意義｜

正義牌象徵公平正義。牌中的領導者（通常是法官）左手握著天秤，面容冷峻、毫無表情。這張牌的核心特質在於人物角色做出決定後的果斷與堅定。在全面評估並考慮所有事實後，這張牌賦予我們下定決心的能量，而一旦事情塵埃落定，便真正結束了。

正義牌揭示了關於真理、對錯與公平的主題。它幫助我們分辨道德與不道德，並指引我們找回能量的平衡。當你涉及任何形式的合約或協議狀況時，這張牌可能會出現，像是訴訟、購房或離婚，這些都是這股能量在生活中具體展現的例子。

你可能注意到，這張牌給人一種正式，甚至略顯刻板的感覺，類似於教皇牌和皇帝牌，許多占卜師都認為這些能量過於嚴肅，缺乏靈活性。然而，大阿爾克那是一系列成長課程，教導愚者如何成為更好、更完整的自己。在正義牌的指引下，愚者學習到真相雖能帶來自由，公平與正義會獲得勝利（希望總是如此），但不公平也是我們人生旅程的一部分。我欣賞這張牌的原因在於，它帶來了一種清晰、銳利的視角，讓我們暫時脫離情緒和靈性訊息，以理性思考我們所面臨的不平等與不公正。我們每天都目睹各種不公不義，而正義牌正是指出了社會、人際關係以及個人經歷中存在的不平衡領域。我建議你靜下心來接受這張牌的能量以及它所揭示的一切。正視不公和不道德行為的存在，可以幫助我們了解自己如何做出回應和回應之後的責任。

你會發現，在萊德．偉特．史密斯牌的畫作中，法官身著紅袍（象徵個人力量），就像教皇和皇帝等其他領袖角色一樣。他手中的劍直指天堂，代表風元素，也象徵真理。這股能量提醒我們，是否願意成為那位公平公正的法官，為了更大的利益做出誠實、無偏見的判斷與決策？

正義牌的肯定語

「我會客觀地面對自己的人生，不做嚴苛的批判。」

連結你的生命歷程

在筆記本上寫下你親身經歷或目睹的不公事件，以及這些經歷對你所產生的影響。

★ 我的故事｜吊人 ★

有時，最細微的療癒

往往最深刻且有力。

｜關鍵字｜

感覺受困、處於懸而未決的狀態、探索灰色地帶、懸浮在未知中、觀察、新視角、不確定性、失去方向、暫停、進化、質疑

元素：水

｜意義｜

吊人牌就是我們不時會陷入的模糊灰色地帶。這張牌提醒我們，在尚未確定下一步該如何行動時，允許自己先暫停下來。乍看

之下，牌中那位倒掛的人物角色似乎正努力擺脫目前的困境。但實際上，這股能量更為中性，並不是一個危急的情況。相反，他看起來非常放鬆！頭頂甚至閃耀著明亮的光環，象徵他正接受神聖的啟發。這表明，儘管他的身體受到限制，但他的心靈仍然是敞開的。

當這張牌在占卜中出現時，它提醒我們睜大眼睛，留意那些可能被忽視的細微之處，鼓勵我們獲得嶄新的視角，然後在真正準備好之際，再進一步探索或成長。這張牌的能量與之前大阿爾克那中那些活躍、陽剛的能量形成對比。吊人利用這段時間進行自我轉化，找到符合內心真實的平衡能量。當他轉換了視角（也就是字面上的倒掛之意），獲得全新的觀點，他就能夠從不同的角度審視眼前的事物。

這張牌有一個有趣細節，吊掛的人物用雙腿形成了一個類似數字「四」的形狀。在塔羅的數字命理學，數字四代表暫停、反思和減速。身為占卜師，這張牌對某些人來說令人十分不安，可能會引發不適的感受。受困的感覺往往讓人感到焦慮，但要記住，這種停滯是暫時的。在這段等待的時間裡，為何不專注於深化你的靈性修行呢？

吊人牌的肯定語

「我歡迎任何靜止之態，這樣我才能察覺生命歷程中的細微之處。」

連結你的生命歷程

用紙筆寫下你曾經陷入「灰色地帶」的經歷，以及擺脫困境後所發生的一切。

★ 我的故事｜死神 ★

假裝自己

毫無感覺

直到最終接受那些標籤，我才

重新找回真正的自己。

*此處原文為：

(P)retending not

(T)o feel it all until finally

(S)urrendering to the label so I could

(D)iscover myself again.

每行開頭字母組成 PTSD（創傷後壓力症候群）。

｜**關鍵字**｜

毀滅、為新事物騰出空間、轉化、重生、放下、療癒、結局、圓滿收尾、靈魂整合、擺脫舊有框架

元素：水

| 意義 |

當死神牌出現時，我們知道一場深刻且必要的轉化正在進行中。一個看似結束的階段，同時也是一個全新的起點。正如塔羅牌中的許多循環週期一樣，死亡牌強調陰影面與光明面的平衡。當我們選擇放下某些已不再適合的事物時，便迎來了拓展的新機會。死神牌象徵放下那些已無益於我們成長的事物——可能是某段關係、某個職場環境，或某部分生活習慣。這些事物已不再與我們當下的需求和目標相匹配。說再見很困難，因此即使釋放是必要的，你仍然有權允許自己為此哀悼。

我很喜歡提醒學生，其實我們通常有很多的時間來思考這個結局。死神牌所展現的是身體的轉移和生理層面的釋放，在此之前，正義牌的理性思考和吊人的耐心等待早已在心靈層面為此做好了準備。

死神之所以讓人感到困難，是因為它象徵終結。當你抽到這張牌時，提醒自己保持愛與慈悲。雖然死亡常被視為最壞的結局，但在靈性上，如果不願經歷結束所帶來的各種不適，就無法看見這張牌的真正重點在於轉化與重生的機會。這可能代表自我的死亡，也暗示身為占卜者的你有機會重新定義並發掘自己新的部分，同時減少過去對你的束縛與影響。我特別欣賞萊德・偉特・史密斯牌中對死神的描繪——一位騎在馬上的骷髏人物，與小阿爾克那的騎士相似。由於騎士作為塔羅中的行動者與推進者，這個形象進一步強調：事情已經發生了，是時候離開並向前邁進，追尋更適合你靈魂成長的經驗與機會。

死神牌的肯定語

「我願意放下不屬於我的任何一切。」

連結你的生命歷程

寫下你在生命中曾經在身體和心靈上準備好放下某人或某事的經歷。

★ 我的故事｜節制 ★

那些差點讓你沉沒的事物，

可能成為他人的支撐之錨。

｜**關鍵字**｜

平衡、療癒、節制、脆弱、柔軟、耐心、平靜、當下

元素：火

｜**意義**｜

經歷了死神牌能量所帶來的釋放與轉化後，你的神經系統可能正渴望重新校準並安定下來，而節制牌正是提供我們所需的那股舒緩能量。這張牌象徵著平衡、節制，以及回歸內在的平靜。儘管我們可能因為在死神牌中與某些人事物告別而感到脆弱和軟弱，但節制牌提醒我們，要用溫柔與關愛來照顧自己，重建一種有節制的生活方式，從而在面對生活中的高低起伏時保持穩定。

節制牌對我而言一直有很深的共鳴。平衡並不是我的強項（有誰也一樣嗎？）因為它要求我們放下掌控、選擇臣服。如果你也常常傾向於追求*更多*、做*更多*、添加*更多*，或者不停尋找*更多*外在的事物來填補內心，那麼這張牌就像是一個邀請，邀請你對自身能量帶來真正能長久維持的改變。節制牌鼓勵我們珍視內心已經擁有的資源，它提醒我們：自我照顧的資源，其實就在我們手中。我們早已擁有療癒自己的力量。

在傳統的圖像中，一位天使站在水邊，一隻腳踏入水中，另一隻腳踩在地上。他將水在兩個聖杯之間來回傾倒，象徵調節能量，平復情緒。我特別喜歡這個畫面，因為它展現了如何透過水的療癒能力和大地的接地力量來溫柔地照顧自己，這正是節制牌所傳遞的平衡之道。如果這張牌在占卜中選擇了你，花些時間停頓一下，思考有哪些部分與你最真實的本質不協調或偏離了你內在的平衡。要怎麼做才能簡化你的療癒之路？

節制牌的肯定語

「平衡比混亂更能推動我前進。平靜是我與生俱來的權利。」

連結你的生命歷程

寫下你生命中曾經優先照顧自己的時刻，並思考這對你的關係、靈性以及內心平靜產生了什麼影響。

★ 我的故事｜惡魔 ★

你真是不可思議
令人著迷、
陶醉。

你也令人困惑、
可憐、
挫敗。

感謝你也反映出最極端的那個我。

｜關鍵字｜

依賴、成癮、限制、缺乏自由、不健康的依附關係、自己的陰影面、有毒的循環

元素：土

意義

我不喜歡美化惡魔牌，它從未是一張簡單、輕盈的牌卡。這張牌自帶低頻率，並帶出困難的主題，例如：依賴、上癮以及毀滅性、不健康模式。我們所有人都有一些無益於我們的特質及傾向，阻礙我們療癒或激發自己的天賦。這些惡魔般的習慣包含過度放縱、死命地滑手機或者討好他人。有時候，這張牌也指出我們未察覺的暴力或上癮行為，甚至根深蒂固的羞愧循環模式。

惡魔牌讓我們看見人性的黑暗處和醜陋面。這張牌會緊抓著我們不放，讓無力感壟罩我們，以為一切都失去控制，但事實上我們只是沒有意識到自己手上握有更多的自由及自主權，無論是垃圾食物或者廉價的刺激，當內心的貪婪嚐到甜頭後，就會想要索取更多，即便這一切對我們沒有任何益處。

這張牌的畫面通常會模仿戀人牌，只是牌面兩位獨立的個體是由較不美麗、不光明的力量連結在一起，因為少了大天使在他們的上頭的眷顧，使他們合而為一。反之，惡魔用鎖鏈將兩人綑綁相連起，而這個枷鎖也使你依附於某人、某物或自己的陰暗面。

惡魔牌表示，好的事物也有過多的時候，這股能量貪婪無厭、自私、飢渴、過度性化，且不斷地追求刺激。惡魔牌最終是要我們承認，在追求掌控及權力的過程中，我們早已失去了控制及權力。如果惡魔牌一直出現，請深深地吸一口氣；你面前有一個有意識的選擇。是時候反思一下，生活中有什麼能夠讓你發光發亮，又有什麼會讓你受到侷限、恐懼或將自己陷入不利之中。如果現在有任何關係使你感到虛弱、渺小，或者讓自己沉溺於不良習慣，像是愛講八卦或者對藥物、酒精上癮，你現在願意療癒自己，不讓自己繼續沉淪下去嗎？這張牌正好是愚者最艱困且最具解放性的課題之一。朋友，你會找到自由的。

惡魔牌的肯定語

「當我放鬆緊握的控制權時，我就能重新掌握自己的人生。」

連結你的生命歷程

寫下你生命中曾被貪婪或權力主導的時刻，沒有愛、沒有關懷。這如何影響你與其他人以及自己的關係？

★ 我的故事｜高塔 ★

她感到腳下的世界崩塌，
與大地失去了連結。

這場危機迫使她
站起來作出回應。

起初是為了生存，
而後是為了找到內心的優雅。

懷著敬畏超越灰燼，
並心存感激曾經摧毀她的一切。

腳下的大地如今穩固不可撼動，
無法再被動搖或摧毀。

｜關鍵字｜

突如其來的變動、動盪、頓悟、毀滅、混亂、不舒服的轉化、重建基礎、心靈覺醒、災難、失去

元素：火

｜意義｜

高塔牌的出現，在占卜中往往帶來一些充滿戲劇張力的事件，奠定了它作為塔羅牌中最令人畏懼的牌之一。高塔牌往往帶來焦慮與恐懼，因為本質上來講，這是一張毀滅和頓悟的牌。這種動盪使我們感到不適，因為我們被拋棄在灰燼之中，迫使我們重新調整方向，並在計劃之外的情況下重建生活。

在傳統的圖像中，我們會看到一座高聳入雲但倉促建造的人造建築，建造者一味地追求高度與自豪，俯視著曾經承載他們的大地，而忽略了穩固的地基。當高塔被閃電擊中時，它轟然倒塌。

如果你正經歷生活的劇變和重建生活的過程，我能體會你的辛苦。高塔所帶來的能量是強烈而突如其來的，但請記住，你內在的

韌性與堅毅也同樣強大。前一張惡魔牌或許已經暗示了這種轉變的跡象，揭示了某些模式正接近臨界點，以及你生活中必須改變的領域。有時，高塔牌也象徵內心的頓悟或覺醒，那種「啊！」的瞬間，讓我們果斷做出改變，迅速打包行李搬遷到另一個城市、辭去一份工作，或結束一段已經拖延許久的長期關係。

我不想讓這一切聽起來像個煩人的樂觀主義者，但我想讓你知道，這種揭示與摧毀自我建構能量的過程，雖然會撼動你，卻也能讓你更接近內在的平衡。當一切塵埃落定，你或許會發現：這其實是最好的結果。

如果我們接受並允許這股高塔能量發揮作用，它會展現出強大的轉變力量。我們面臨著一個選擇：是要抗拒並否認這種改變的發生，還是選擇穿越烈焰，興奮地探索那些我們可以在內心燃燒和摧毀的部分，最終在灰燼的另一端找到重生的自己。

好消息是，高塔的能量雖然猛烈，但通常轉瞬即逝，持續時間不長。當高塔在占卜中咆哮時，請帶著同理心，對自己和他人多一份寬容與理解。高塔要求我們學會臣服，將我們推向艱難的課題，並明白有時候改變需要一點信念，而非是恐懼。

高塔牌的肯定語

「我選擇臣服，因為靈性已為我清除了道路上不該存在的障礙。」

連結你的生命歷程

反思並寫下你生命中曾經歷的一段時期，那時一切完全瓦解，但最終得以重新整合。

★ 我的故事｜星星 ★

吐氣。
當我不逃避挑戰或悲傷時，
這是一個機會，
讓我重新想像一切可能性。
深吸一口氣，讓我平靜下來，
而不是削弱內心深處的魔法。
這是讓生命與愛充盈全身的一刻，
一份純粹而簡單的愛。
現在是時候
運用我的主權力量與內在深知，
來引導並支持自己前行。
終於，寧靜取代了雷霆，世界歸於和平。
吐氣，然後吸入滿滿的愛。
吐氣，接著迎來療癒的氣息。

｜**關鍵字**｜

重燃希望、重建信仰、尋求目標、脆弱、靈性、夢想實現

元素：風

｜意義｜

星星牌如同一口新鮮的空氣。然而，在深入探討它的意義之前，讓我們回想旅程的起點——那時的你是誰？作為愚者（象徵的你），你曾純真無邪，不受任何事物影響，樂觀且渴望成長學習。從那之後，你已經經歷了許多課題。坦白說，你剛在前幾張大阿爾克那牌中「受盡波折」，面對了牌組中一些最醜惡的能量。然而，星星牌如今在你頭頂光芒四射，帶來希望、信仰，感覺像是靈性世界送來意料之外的慰藉。星星散發出真摯的能量，為我們提供喘息的機會。在剛剛克服一系列的挑戰後，我們現在有機會反思自己的歷程並與之和解。

在萊德．偉特．史密斯的牌組中，一位人物跪在水邊休息。如同節制牌一樣，這位角色利用這段時間恢復活力。他們的赤裸代表著被暴露出來的脆弱，但無論如何，他們仍選擇尋找平靜與安慰。星星牌也常被稱為「夢想成真牌」，因為它象徵著命中注定的夢想最終成真的可能性。它是一張充滿療癒與安慰的牌，每次在占卜中見到它，都值得慶祝一番。

此外，星星還幫助我們了解自身的獨特性，正如清澈的夜空中每顆星星各具光芒一樣。作為一種靈性原型，「星星」非常適合在你想喚醒或深化靈性連結、開發直覺時。抽到星星牌時，允許自己停下片刻，深深吸一兩口氣，懷著感恩之心享受這美好的空間。相信你的信仰支撐著你，並知道你的指導靈正在為你照顧好其他的一切。

星星牌的肯定語

「我的努力造就了我，我將懷著愛、目標與信念勇敢前行。」

連結你的生命歷程

在你的日記中寫下並反思那些讓你感覺與星星牌價值一致的時刻。當你感到被宇宙支持時，那是什麼樣的感受？

★ 我的故事｜月亮 ★

即使是最堅強的人也曾經歷那種彷彿只有在夜晚才會悄然浮現的情緒湧動。

太陽似乎也明白，
當我們選擇臣服時，
並不希望被他人看見。

關鍵字

祕密、假象錯覺、陰影、恐懼、焦慮、潛意識連結、直覺

元素：水

意義

月亮是一張充滿神祕的牌，就像所有未知的事物一樣，它可能

讓我們感到被困於黑暗之中。它的能量深邃而令人敬畏，彷彿我們會被它的浩瀚完全吞噬。但我要提醒你，只有在探索黑暗時，我們才能在內心的世界裡發現深度與意義。

當月亮牌出現時，我們的情緒可能會異常強烈。正如海洋受到月相的牽引，我們也同樣受到影響。與女祭司的能量相似，月亮散發著柔和的月光，邀請我們深入心靈深處，以全新且更加親密的方式探索潛意識。它揭開內在的面紗，幫助我們更接近直覺的力量。月亮似乎在說：「欣賞我吧，不要抗拒或害怕強烈的感受，或者每個階段的不完美。」

這張牌充滿情感、直覺和療癒的力量，鼓勵我們看得更深入，突破那些掩蓋真實自我的表面假象。月亮讓我們以不同以往的方式使用自己的直覺力，去傾聽宇宙的暗示，而不是急於對它或對自己下結論。我常開玩笑說，這張牌可能暗示你的第三隻眼開得太大了！當我們的直覺開始密集運作時，可能會讓我們的心靈感官處於超速狀態。因此，在探索潛意識深處的過程中，要記得平衡這些強大的女性能量，讓身體多接地氣，這樣你才能保持與身體的連結。黎明終會來臨，光明將再次照耀。但既然我們已身處黑暗，為何不在陰影中探索並與它共舞呢？

月亮牌的肯定語

「當我閉上雙眼時所體驗到的黑暗，也如同陽光般溫暖，滋養著我。」

連結你的生命歷程

寫下某次你的直覺準確到讓你不知所措的經歷。

★ 我的故事｜太陽 ★

源源不絕的光芒照耀著我，

幾乎讓我目眩神迷。

｜關鍵字｜

正向、樂趣、成功、樂觀、活力、誠摯、溫暖、喜悅

元素：火

｜意義｜

太陽牌邀請我們沐浴在神聖的光輝中片刻（當然，若能更久更好）。這張牌充滿了自信、樂觀和童趣，它可能是塔羅牌中振動頻率最高的能量之一。它往往象徵成功、勝利，以及那些帶來無比快樂的經歷。當它出現在占卜中時，就像是最終的確認。我常告訴我

的學生，把這張牌視為一個肯定的標記。這是塔羅對我們提問或尋求澄清的問題發出響亮的「是的！」太陽牌支持並聚焦於你所做的一切，同時鼓勵你繼續保持這份真誠。

這張牌提醒我們活在當下，享受生命旅程的樂趣。透過太陽的光芒與樂觀，我們感受到自己閃閃發光、被看見、被欣賞。我建議你抓住這些美好的時光，盡情享受。說到生命旅程，太陽牌的圖像也傳達了這樣的寓意。一個孩子開心地坐在馬背上，一路前行。令人欣慰的是，這張牌暗示愚者重新找回了他那份純真的、玩樂的本質。隨著我們逐漸接近大阿爾克那循環的完結，看到愚者回到光明與歡笑中，體驗生命中純粹的快樂，是一件溫暖而美好的事。

就在我們經歷過種種艱難的季節後，此時此刻，我們學會了用感恩的心來欣賞這些美好的時光。所以，盡情享受吧！如果這張牌在占卜中出現，我希望你可以抬起頭來看看生活中的美好，因為這恰好是你內心溫暖的展現。

太陽牌的肯定語

「當喜悅引領著我的生命時，圓滿無所不在。」

連結你的生命歷程

先回想那些讓你感到真正快樂與充滿活力的記憶，靜靜感受它，並寫下這些時刻。

★我的故事｜審判★

我聽見我的指導靈說：

「你已經盡力了。」

當我糾結於細節無數個月後，

寬恕終於取代了我的內疚。

｜**關鍵字**｜

重生、寬恕、批判、釋放罪惡感、宣言、內省

元素：火

｜**意義**｜

審判牌賦予我們重新書寫人生的機會，幫助我們放下沉重的負擔，並學會接納和原諒自己的不完美（這並非易事）。它代表頓悟與覺醒，引導我們看見人生的目的，或推動我們擴展靈性。在大阿爾克那的循環中，你不僅深入了解了自己，也更加清楚你與靈性世界之間的關係與互動。你來到地球是有原因的，而要理解宇宙對你的期望，可能需要經歷多個生命週期，因為在每一個週期中，你都會發現新的自我面向。

如果你對這張牌的複雜性感到有些不知所措，我完全理解。如果要我挑出一張讓我反覆糾結的牌，我絕對會選這張。我鼓勵你先跳出來，將塔羅視為一個整體。愚者的旅程象徵著一個生命週期，抽到這張牌時，我們可能還沒達到完全的寬恕或聽見靈魂的召喚，但這沒關係。與其對自己過去的選擇和行動下定論、貼標籤，不如將你的失敗與遺憾視為神聖的訊息：它們是幫助你重新連結並與高我整合的重要指引。

值得注意的是，審判牌有時不知是從哪裡冒出來的，沒有任何明顯的混亂或困難的徵兆。在它之前，我們經歷了太陽牌的光芒時刻，感覺無比自信和無所不能，而現在，我們被引導去面對一種更深刻、更複雜的能量狀態。審判牌要我們選擇進行自我反省與深層的內在工作。

審判牌的肯定語

「我原諒並臣服於內在的呼喚。」

連結你的生命歷程

寫下一段你為了感到更自由而選擇寬恕的時刻。

★ 我的故事｜世界 ★

我說：

「謝謝你從未放棄過我。」

我回答：

「不客氣。」

｜**關鍵字**｜

圓滿、完整、成就、結束、期望的結果、全面的幸福、啟蒙、看見大局

元素：土

｜**意義**｜

世界牌代表心滿意足與目標的實現，它象徵著合而為一，當我們感到真正滿足並與自己最豐盛、最勇敢的自我整合在一起時，就能激發這股能量。如果你感受到了這種深刻的自我連結，那麼請明白，這種完整的狀態來自於你對自己悉心的關愛與照顧！

雖然世界牌與太陽牌的成功與慶祝感覺有些相似，但我覺得世界牌的滿足感更加全面。它通常代表生命中各領域全方位的平衡與和諧：健康穩固的人際關係、清晰且紮實的目標，以及充實、滋養的生活模式。這是一種遍布所有層面的幸福與圓滿，是大阿爾克那旅程的壓軸篇章，你的靈魂也對你所取得的成就由衷喝彩。你已傾聽並回應了高我的召喚。

如同塔羅牌中的所有結局一樣，我們的經歷並非畫下句點，因為終點始終會開啟另一扇大門，允許我們再次重新定義自己。我最欣賞帕梅拉・科爾曼・史密斯在這張牌上所設計的巨大花環，完整包覆著人物。花環是慶祝的象徵（如同權杖六上的花冠），而這個花環巨大無比，以完美的橢圓形圍繞人物。當我們意識到它形成了愚者的數字——零（0）時，這個細節便有了全新的意義。只要你願意，就有機會無限循環，無所畏懼地重新開始整個循環。

這張牌有時也被解讀為旅行、探索新的土地或成長機會，暗示你可能帶著你的自信與完整性走向全新的環境、文化或體驗，進一步擴展你的視野，分享自己的體驗，也探索世界為你提供的豐富可能性。

如果你此刻抽到這張牌，但感覺尚未達到這種和諧或滿足的狀態，請保持耐心並堅持你的願景。肯定自己，並相信那些微小且穩步的進展正在構築一個你將為之自豪的世界。世界牌是一個完美的提醒：優先考慮自己，最終會帶來深層的滿足與成功，並且內心的努力絕對值得。

世界牌的肯定語

「我是完整的，我一直都是如此。」

連結你的生命歷程

寫下你生命中那些充滿感恩的時刻。然後，停下來感受此刻，留意這些珍貴的禮物是否依然圍繞在你身邊。

結語 *Epilogue*

在撰寫這本書的過程中，我在約書亞樹國家公園（Joshua Tree）中為十二位與我關係最為親密的客戶舉辦了一場靜修營。當時，我距離第一版手稿的截止日期僅剩一個月，因此在這個時候投入精力為他人建立療癒的環境，我曾懷疑自己這樣做是不是有些不明智。

我本該繼續寫作，但我最終還是聽從了直覺，選擇主持這次靜修營，而我非常感激自己做出了這個決定。事實證明，這次靜修營正是我所需要的：它推動了我的創造力，讓我完成這本書。那個週末成了我身為塔羅占卜師最珍貴的回憶之一。這段經歷與我的寫作同步進行，這種交織讓人難以置信，因為我清楚自己正在努力創作一本能影響遠超過這十二位參與者的書。在靜修期間，我甚至向她們朗讀了書中的片段，分享了一些「幕後」故事，因為她們在許多方面與我共同創作了這本書。我經常形容塔羅牌如同一面鏡子，反映出我們的潛能，而這些女性也是我的鏡子。

這些參與靜修營的女性數年來一直與我合作，透過線上課程和培訓與我一起學習塔羅牌，並在她們的療癒旅程中向我尋求個人解讀，因此我對她們的生命歷程瞭若指掌，就如同了解自己的故事一樣。我很榮幸能夠與她們建立這種親密的連結，更不用說能夠目睹她們的成長，坐在「前排」為她們喝彩，是一件令人感動的事。她們深深地啟發了我，也啟發了這本《內在療癒塔羅》。

在我們共度的那個漫長週末裡，我時常會環顧我們所共享的家，看著她們淨化牌組或討論牌面上的符號。我會看著一位小組成員為另一位成員占卜，或者無意間聽到一些最美麗、最真實的對話。那一刻，我能感受到一種強烈而深刻的感恩，讓我全身起了雞皮疙瘩。有時，我會輕聲笑出來，因為我注意到我的牌卡描述對她們產生了影響，她們會引用我多次提到的詞彙和比喻來講解牌面的意思。我保證，當你讀完這本書時，你也會熟悉這些用字與片語。

在靜修期間，我們進行了大量的塔羅練習，但也有一些夜晚，我們圍著火堆笑到流淚。在那裡，沒有人需要隱藏或為自己的情緒道歉。我們分享祕密、自我覺察，並鼓勵彼此挑戰自己的內在療癒練習。有時我們手中握著塔羅牌，有時則只憑一顆真摯的心。在那次旅程中，我們活出了我們的塔羅。

當你持續練習塔羅占卜或直覺解讀時，試著想像自己置身於溫暖的同溫層中。沒錯，我們每個人都在個人轉變的旅程中，但我們從來不是真正孤獨一人。雖然我無法保證為每位讀者舉辦一次像這樣的靜修營（但想想那該有多棒！）但我向你保證，這本書的創作初衷與當時聚會的原始目的是相同的。

我希望你也能活出你的塔羅旅程，並讓這種練習成為你獨一無二的體驗。我希望你拋開「應該怎麼做」的束縛，勇敢地向自己和值得信任的人揭示你最美麗的祕密。我鼓勵你質疑、挑戰，甚至忽略那些嘲笑這種做法的人。在愛與包容中，與你的天賦、直覺、牌卡以及無限的內在魔力建立連結。安心地探索這種模式，並自信地與他人分享你的經歷。當你坐下來進行神聖的占卜時，我希望你能感受到一個廣大的社群，在你的背後支持你、鼓勵你。

透過每一次洗牌與臣服於訊息，我們共同擁抱並展現了愚者的精神，在不斷嘗試與修正中，逐步建構出一個我們自豪且安心的世界牌。

雖然我無法親耳聽見你對牌卡的解讀，或閱讀你的靈性寫作，但請相信，我深深看到、欣賞並尊重你在分享中所療癒的那部分自己。現在，讓我們一起為那些走在我們前面的人、與我們同行的人，以及我們尚未遇見的靈魂，包括旅途中不同階段的自己，進行療癒。

謝謝你，親愛的讀者，你們現在也是我的朋友了。

致謝 *Acknowledgements*

在創作這本書的過程中，我深深地感受到來自許多靈魂的巨大支持，這讓我的內心充滿感恩。我由衷地感謝那些幫助我構思、引導並完成這本書的人們。

致我的塔羅學生們和忠實的社群朋友：我無法用言語表達對你們的感激之情。感謝你們參與牌卡探索的過程，我感到無比幸福。你們的故事與我的經歷交織在這些頁面中，我們的牌卡研究引導了整個創作過程，最終完成了這本書。我希望我能讓你們每一位都感到驕傲。

致我的老師們和導師們：你們當中有些人親身見證並影響了我的成長，有些則從遠處啟發並指導我的工作和直覺探索。你們的存在對我而言都無比珍貴且神聖。

致凱莉·伯格（Kelly Bergh）：感謝你與我共同完成一份讓我們倆都足以自豪的提案，呈現給出版社和我的經紀人。我們的情分始於塔羅占卜，這是我事業上做過最棒的投資，並發展成一段我十分珍視的友誼。為我們共同經歷的許多旅行、瑜伽時光和午後寫作交流歡呼。

致我的文學經紀人利．艾森曼（ Leigh Eisenman）：你總是以令人安心的答案安撫了我的緊張情緒，同時也讓我的出版之旅和新手作家體驗充滿了溫暖與振奮。謝謝你成為我的隊友。

致Sounds True 的編輯黛安娜．文堤米格利亞（Diana Ventimiglia）和莉瑞克．多森（Lyric Dodson）：你們對我作品的熱情和信任，讓我深信這本書交付到了最合適的人手中。非常感謝你們這麼信任與支持我的想法和計畫。

致莉茲．穆迪（Liz Moody）和琳賽．格里姆斯（Lindsay Grimes）：莉茲，謝謝你接住我想寫作的心，並不斷鼓勵我開始寫作。謝謝琳賽介紹經紀人給我，就如同天助一般。你們兩位是我敬佩的作家同行及朋友，你們時常溫柔地（也是必要地）鼓舞我，讓我能更接近我的夢想。如果沒有你們的慷慨分享，這趟旅程將會截然不同。

致亞歷克莎．沙維爾（Alexa Sharwell）：在我撰寫本書時，你就是我的朋友兼戰友，因為你用與我同樣的愛和關懷來經營我的事業。謝謝你在我一邊處理這個專案、一邊忙於其他事情的時候，成為我可以依靠與信任的對象。

致勞倫．奧康奈爾（Lauren O’Connell）和安傑莉卡．雷伊（Angelica Ray）：我的朋友們，你們兩位真的是驚為天人的直覺占卜師。你們對這次出版旅程的預測準確到令我震驚。在我人生中最令人振奮、也是如旋風般的出版歷程中，你們的陪伴與引導，讓我得以做好準備。

致蜜雪兒·阿茲（Michelle Azzi）：你是一位才華洋溢、創意十足的設計師。感謝你在初期階段對書封設計的支持。你的魔法幫助我實現了我的夢想。

致我的母親：我們以無數方式一起療癒，而且我相信，這是一段跨越好幾輩子的過程。我珍惜我們的親密關係，從不認為這是理所當然的。謝謝你鼓勵我的創造力、女性特質和力量，並幫助我創造出我夢想的生活。我是你的喬·馬奇（Jo March），你是我的馬奇媽咪（Marmee）。[23]

致我的父親：無論是我最黑暗的時刻，還是我最閃耀的成功時，你總是為我感到驕傲。我希望你知道，我有看見你用驚嘆的眼神看著我。謝謝你從未放棄我的療癒，並成為我最大的粉絲。

致我的奶奶、外婆、曾祖母及外曾祖母：妳們是我的血脈、我的故事、我女性力量的一部分。我之所以成為我，是因為妳們每個人。妳們都是充滿魔法的存在。

致我的祖父：你為我的生命帶來很多歡笑。笑聲可以治癒傷

23 編按：出自《小婦人》中的角色，象徵母女之間深厚的情誼。

痛，我希望你知道，我最喜歡的一些搞笑時刻都是和你一起度過的。

致我已故的朋友泰迪（Teddy）：我總能感受到你的靈魂。謝謝你成為我最早的其中一位嚮導。你提醒我，我的道路自始至終都是注定的，從而證實了我原本無法相信的天賦。

致我最親密的朋友們和閨蜜們：雖然我們可能沒有血緣關係，但我每天時時刻刻都感受到你們的支持和慷慨。友誼是一份珍貴的禮物。我很幸運能夠與世界上一些最堅強的女性一起去愛、見證和成長。你們絕對都是我的家人。

致我摯愛的伴侶卡梅隆（Kameron）：謝謝你成為我生命中最善良、最有愛心、最理解我的人。你是我的安全空間，也是我每天早上最喜歡一起坐在咖啡店裡的靈魂。我們曾經是天真、年輕的愚者，但我們的命運與課題讓我們回到彼此身邊，你就是我相信命運真實存在的證明。我們的愛真誠且無止盡，在成為作家的旅程中，你對生活的態度在許多方面啟發了我。謝謝你成為我的校對員、攝影師和啦啦隊。你是我的聖杯二到聖杯十，我很榮幸我們的愛情故事將永遠存在於這本書裡。

作者簡介

凱特・范・霍恩（Kate Van Horn）是一位塔羅占卜師、靈媒以及靈性導師。同時擁有 RYT500 認證的瑜伽指導師資格，也是經過認證的直覺療癒師。她創辦了（in）療癒空間，一個致力於內在療癒與直覺探索的線上社群與會員平台。她為全球客戶提供一對一的塔羅諮詢，並開設線上課程，教授塔羅牌解讀與靈性書寫。

身為心理健康倡導者和創傷倖存者，凱特深信她的直覺天賦和靈媒能力，源自於人生經歷與種種創傷。她真誠地分享自己生命中的創傷，以及她的療癒之路，鼓勵更多人勇敢擁抱自己的人生故事、身體與天賦。她堅信塔羅牌是強大的自我轉化工具，也是整體療癒的重要輔助。目前，凱特與伴侶居住在美國加州赫莫薩海灘。本書是她的第一本著作。

網站：katevanhorn.com

Instagram：@kate.van.horn

索引 *index*

三、主題索引

國家圖書館出版品預行編目(CIP)資料

內在療癒塔羅：從學習解牌到療癒創傷,找回屬於你的靈魂力量 / 凱特.范.霍恩(Kate Van Horn)著；鍾莉方譯. -- 初版. -- 新北市：大樹林出版社, 2025.09
面； 公分. -- (療癒之光；9)
譯自：The inner tarot : a modern approach to self-compassion and empowered healing using the tarot
ISBN 978-626-7592-20-5(平裝)

1.CST: 占卜 2.CST: 心靈療法

292.96 114010337

系列／療癒之光 09

內在療癒塔羅

從學習解牌到療癒創傷，找回屬於你的靈魂力量

The Inner Tarot: A Modern Approach to Self-Compassion and Empowered Healing Using the Tarot

作　　者／凱特・范・霍恩（Kate Van Horn）
譯　　者／鍾莉方
總 編 輯／彭文富
責任編輯／王偉婷
文字校對／王瀅晴
封面設計／FE設計
內頁排版／菩薩蠻數位文化有限公司
出 版 者／大樹林出版社
營業地址／23357 新北市中和區中山路 2 段 530 號 6 樓之 1
通訊地址／23586 新北市中和區中正路 872 號 6 樓之 2
電　　話／(02) 2222-7270　　傳　　真／(02) 2222-1270
官　　網／www.gwclass.com
E-mail／notime.chung@msa.hinet.net
Facebook／www.facebook.com/bigtreebook
發 行 人／彭文富
劃撥帳號／18746459　戶名／大樹林出版社
總 經 銷／知遠文化事業有限公司
地　　址／新北市深坑區北深路 3 段 155 巷 25 號 5 樓
電　　話／02-2664-8800　　傳　　真／02-2664-8801
初　　版／2025年9月

本書塔羅牌圖片來源：U.S.GAMES,INC.

定價　台幣／400元　港幣／133元　ISBN / 978-626-7592-20-5